本书系浙江外国语学院博达科研提升专项计划
"新发展格局下双向 FDI 及协同发展对全要素生产率的影响研究"
（2025HQZZ6）研究成果

浙江外国语学院博达丛书

新发展格局下双向FDI及协同发展对中国全要素生产率的影响研究

Study on Effects of Bilateral
FDI and Collaborative Development on Total Factor
Productivity under the New Development Pattern

杨灵灵——著

中国财经出版传媒集团

经济科学出版社
Economic Science Press

·北京·

图书在版编目（CIP）数据

新发展格局下双向 FDI 及协同发展对中国全要素生产率的影响研究／杨灵灵著. -- 北京：经济科学出版社，2025.5. --（浙江外国语学院博达丛书）. -- ISBN 978 - 7 - 5218 - 6728 - 2

Ⅰ. F249. 22

中国国家版本馆 CIP 数据核字第 2025BX7163 号

责任编辑：周胜婷
责任校对：靳玉环
责任印制：张佳裕

新发展格局下双向 FDI 及协同发展对中国全要素生产率的影响研究
XINFAZHAN GEJU XIA SHUANGXIANG FDI JI XIETONG FAZHAN DUI
ZHONGGUO QUANYAOSU SHENGCHANLÜ DE YINGXIANG YANJIU

杨灵灵　著

经济科学出版社出版、发行　新华书店经销
社址：北京市海淀区阜成路甲 28 号　邮编：100142
总编部电话：010 - 88191217　发行部电话：010 - 88191522
网址：www. esp. com. cn
电子邮箱：esp@ esp. com. cn
天猫网店：经济科学出版社旗舰店
网址：http：//jjkxcbs. tmall. com
北京联兴盛业印刷股份有限公司印装
710×1000　16 开　12. 25 印张　180000 字
2025 年 5 月第 1 版　2025 年 5 月第 1 次印刷
ISBN 978 - 7 - 5218 - 6728 - 2　定价：82. 00 元
（图书出现印装问题，本社负责调换。电话：010 - 88191545）
（版权所有　侵权必究　打击盗版　举报热线：010 - 88191661
QQ：2242791300　营销中心电话：010 - 88191537
电子邮箱：dbts@ esp. com. cn）

前　言

当前，面临变化多端的国际环境，中国新发展格局战略部署应运而生，该战略致力于构建以中国国内大循环为主体、国内国际双循环相互促进的新格局。在国际经济下行背景下构建新发展格局，需要在做大做强内循环的基础上，更好发挥内循环对外循环的拉动作用，同时以外循环刺激内循环提质升级，形成"双循环"双轮驱动战略。参与国际大循环的对外直接投资（OFDI）与参与国内大循环的外商直接投资（IFDI）及两者协同发展，成为新发展格局的重要影响要素。面对复杂严峻的国际环境和全球跨境投资下滑的不利影响，中国坚持更大力度吸引和利用外资，坚持发挥两个市场、两种资源联动效应。改革开放以来，中国双向FDI发展迅速，据商务部统计，2023年，全国新设立外商投资企业53766家，实际使用外资金额11339.1亿元，规模居全球第2位，引资规模保持基本稳定。外资对经济社会发展贡献突出，2023年，外资企业进出口额占全国对外贸易总额的30.2%，外商投资规模以上工业企业营业收入、利润总额占全国比重均超过1/5。此外，中国对外投资规模继续保持世界前列，流量、存量均位列全球第3。2023年中国对外直接投资流量1772.9亿美元，占全球份额的11.4%，较上年提升0.5个百分点，连续12年列全球前3，连续8年占全球份额超过10%。可见，中国双向投资量稳质升、协同发展，不仅为全球经济注入更多确定性和增长新动力，同时提升了中国经济的发展能力。而全要素生产率的提升需要消除地区间、产业间和企业间资本等要素流动障碍，打通生产、分配、流通、消费环节，促进各类生产要素更加自由、公平、有序流动，提高市场对资源的配置效率。新发展格局下双向 FDI 及协同发展能够盘活国内、国际两大市场，促进经济要素流通、资源优化配置，进而促进全要素生产率的提升。所以，探讨新发展格局下中国双向 FDI 及协同发展对全要素生产率的影响具有重要理论与现实意义。

如何研究新发展格局下中国双向 FDI 的发展现状及存在的问题？如何分析新发展格局下全要素生产率的影响因素？如何理解新发展格局下双向 FDI 及协同发展对全要素生产率的影响机制？如何实证研究双向 FDI 及协同发展对全要素生产率的影响？如何提出新发展格局下双向 FDI 及协同发展促进全要素生产率提升的针对性建议？这些是本书主要解决的问题。本书共分为 7 个章节，旨在探讨新发展格局下中国双向 FDI 对全要素生产率（TFP）的影响。首先，本书综述了国内外关于 FDI 与全要素生产率关系的相关研究文献，并对新发展格局、全要素生产率及双向 FDI 协同发展的概念进行了界定。其次，本书分析了中国双向 FDI 的发展现状，涉及其发展阶段、投资方式、投资规模、区位选择等，并指出了存在的问题。在此基础上，本书探讨了新发展格局下影响中国全要素生产率的关键因素，包括双向 FDI、经济发展水平、人力资本积累、金融体系完善程度、对外开放政策的深化、产业结构的优化升级以及政府调控力度的精准把握等。进一步地，本书研究了新发展格局下双向 FDI 及其协同效应对全要素生产率的作用机制，分别从外商直接投资和对外直接投资的发展路径、形式及效应进行分析，并对双向 FDI 的协同效应进行了深入探讨，详细介绍了全要素生产率的测算方法、资本存量分析、要素投入指标的确定及估算结果。通过实证分析，本书探讨了双向 FDI 及其协同效应对中国全要素生产率的影响，实现了影响机制检验、协同效应检验、调节效应检验、中介效应检验、异质性效应检验及其实证结果分析。基于以上研究，本书提出了针对性的政策建议，包括重视双向 FDI 协同发展并考虑地区差异、设置门槛与优惠待遇并存以提高开放水平、提高双向 FDI 本地化经营以加快资源优化配置、重视人才培养机制以推动新质生产力发展。最后，对未来研究方向进行了展望。

目　　录

第1章 绪 论

1.1 研究背景、目的和意义

1.1.1 研究背景

1. 全球化经济形势严峻，中国新发展格局战略部署应运而生

随着经济全球化不断纵深发展，世界各国经济紧密相连。然而，近年来，全球化发展面临重大挑战，逆全球化趋势抬头，国际经济充满不稳定性和不确定性，导致中国参与全球化面临一定的困境。综合考虑我国经济发展趋势与全球政治经济形势重大变化的因素，2020 年 4 月，习近平总书记首次提出新发展格局的战略部署，其宗旨是以国内循环为主、国内国际双循环相互促进。党的二十大报告再次强调了加快构建新发展格局的重要性。时至今日，面临变化多端的国际环境，减少国际环境对中国经济的负面影响，提高经济抗风险能力，增强经济韧性，发展内需，拉动经济发展，成为重要的经济话题。

新战略格局是基于中国国内经济环境与世界经济现状的综合考虑下应运而生的，是基于国内需要，并适应国际经济发展形势作出的正确战略部署，把这一重要部署放在整个中国经济发展史和工业化历程中，需要充分认识到新发展格局是当今国际经济发展严峻形势的必然，才能保持战略部署的定力。在新发展格局的政策指导下，摒弃封闭的单纯国内循环意识，坚持开放高质量的国内国际双循环经济，促进内外融合、内外沟通、内外相互促进，实现中国经济高质量发展。

2. 参与国际大循环的对外直接投资与参与国内大循环的外商直接投资及协同发展，成为新发展格局的重要推动力量

在研究新发展格局过程中，不可忽视的是，国内国际双循环过程中参与的国内外资和国外资本，即双向 FDI，以及参与国内大循环经济的外商直接投资（IFDI）与国际大循环经济的对外直接投资（OFDI），作为重要的资本形式，为国内国际双循环相互促进发挥了积极的推动力量，如增进生产要素中的资本、劳动、土地、技术等要素的流动。所以，在研究新发展格局方面，双向 FDI 与经济发展、全要素生产率的关系是经济学发展的重点课题。要充分认识到，国内循环为主、国内国际相互促进推动"双循环"的实质在于国内各地区根据自身优势，推动生产要素在国内国际市场能够实现自由流动，促进经济高质量发展。境外投资、引进外资都是资本形式在世界市场上良性流动、跨域流动的表现。也是践行我国开放经济"走出去"和"引进来"的重要途径。联合国贸易和发展会议（UNCTAD）发布的《2023 年世界投资报告》显示，2022 年，世界外商直接投资出现明显下滑，同比下降率达到了 12%，流入发达经济体的外商直接投资额下滑趋势更加明显，同比下降率高达 37%。值得一提的是，商务部外资统计数据显示，中国在 2022 年的外资引进方面，呈现明显上涨趋势，实现了新高水平，利用外资达到 1.23 万亿元，虽然 2023 年有所回落，但是总体处于历史高水平。另外，中国 OFDI 于 2023 年呈现上涨趋势，金额达到 1.04 万亿元，较 2022 年上涨 5.7%。

此外，仅仅强调 IFDI 与 OFDI 的各自发展并不符合开放经济的发展，研究两者协同发展，对于全要素生产率的推动非常重要。党的十五届五中全会也重点提出两者的良性互动和协同发展至关重要，即"引进来"和"走出去"的发展需要沟通、互动，良性发展，不可偏颇一方，才能实现开放

经济的高质量发展。总之，新发展格局下各种要素与资源的良性流动和有序发展，需要高质量的 OFDI 与 IFDI 的相互融合和协同。

3. 提升全要素生产率是新发展格局下中国实现经济高质量发展的关键与必然

全要素生产率（TFP）是当今热门话题，TFP 的发展水平在很大程度上反映了一国经济发展的水平或成功与否。在党的十九大、二十大上，都强调了 TFP 的重要性，TFP 发展有效推动了中国经济"质"的提升和"量"的增长，自 1978 年改革开放以来，通过比较发展绩效，提高 TFP 无疑是经济发展的重要因素，也是提升中国在国际市场的地位和发言权的关键力量。众所周知，劳动生产率，也就是单位劳动的投入所创造的价值，是衡量经济发展质量、可持续发展水平的重要标准。而 TFP 是实现劳动生产率提升的重要路径、可持续发展的重要指标。资本、土地、劳动等生产要素投入量的增加并不能完全解释国民产出的全部增长，超出要素投入贡献的增长率应归因于全要素生产率（TFP）的提升。TFP 提升是指在资本、土地、劳动等生产要素投入基础上，合理优化配置，并有效运用以上生产要素，所以，实现经济高质量发展和劳动生产率提升离不开 TFP 的提高。

中国经济一直强调可持续发展、高质量发展，TFP 是重要的推动因素，尤其是在国内和国际资源、环境的双重压力下，提升 TFP 是当前经济发展重中之重。很多学者对 TFP 研究中，一致认为，从长期来看，积累资本可以影响经济发展或增长的水平，但是经济增长的核心和重点是 TFP 的发展。如罗德里格斯·克莱尔和克莱诺（Rodriguez-Clare & Klenow, 1997）把不同国家在不同时段的数据作为研究对象，在经济增长的核算水平框架内，得出关于 TFP 的重要结论，即各个国家产生人均收入的差异或人均GDP 的差异的原因在于 TFP 的差异，TFP 的差异合理解释了国与国之间福利水平、经济发展质量的差异。因此，新发展格局下，双循环经济的关键在于国内内需有效拉动、国内国际市场力求相互促进，这些离不开 TFP 的发展。现如今，中国经济的高质量发展更离不开 TFP 的发展。所以取得中国经济高质量的关键在于运用新发展格局的双循环经济战略，尽力提升 TFP。

4. 新发展格局下双向 FDI 及协同发展对全要素生产率提升具有重大意义

TFP 提升的关键在于资源优化配置和技术进步，资源的优化配置取决于健全的税收制度、产业结构优化、良好的营商环境或制度环境等，而技术进步取决于金融服务或体系完善、劳动力素质优良、高效的研发力量以及技术引进。毋庸置疑，在发达国家，科技发展较为突出，所以研发投入是提升 TFP 的重要路径，但对于发展中国家，必须重视与其他国家的贸易和投资往来，因为发展中国家的科技发展相对落后，必须通过贸易和投资的角度引进技术，运用学习效应，提高科技水平，最终提高 TFP 发展水平。所以，海外投资和引进外资是 TFP 增长的重要路径，即新发展格局下，重视国内内需拉动需要外商直接投资的加持、国内国际市场相互促进需要双向 FDI 的协调发展，所以，提升双向 FDI 及协同发展对 TFP 发展至关重要，具有实践意义。

由于新冠疫情影响、地缘政治不稳定等因素，据世界银行数据库统计，2022 年，一些发达国家的国内融资、海外投资出现明显下滑。2022 年，一些发达国家的国内融资、海外投资、并购建议等，在世界经济下行、地缘政治不稳定等因素的影响下，出现明显下滑，但中国在引资方面表现突出，吸引外资规模和引资领域门类都双双创新高。同时，中国的境外投资也不甘落后。2022 年名列全球第 2，已经连续 11 年在全球保持前 3，所设立的境外企业覆盖全球超 80% 的国家和地区，占世界市场的份额占比超过 10%。据商务部外资统计，2022 年中国 OFDI 金额为 1890 亿美元，IFDI 流量为 1631.2 亿美元，可以看出，中国外资引进和境外投资规模，即双向 FDI 在全球有着不可替代的地位。由此看出，中国以外资引进受惠国和境外投资输出国的形象，融入全球化、经济一体化的世界经济网络，在新发展格局状态下，高质量发展经济和提升 TFP。

1.1.2 研究目的和意义

1. 研究目的

中国经济的迅猛发展离不开外商直接投资和对外直接投资（双向 FDI）的重要贡献。在当前新发展格局的战略部署下，OFDI 和 IFDI 分别在国际大循环和国内大循环中扮演着至关重要的角色。两者的发展及其协同互动已经成为经济学领域一个备受关注的研究课题。

随着中国经济进入高质量发展的新阶段，全要素生产率的提升显得尤为关键。在新发展格局的背景下，如何有效地利用双向 FDI 来促进全要素生产率的发展，已经成为一个备受瞩目的经济焦点问题。为了深入探讨这一问题，需要对全要素生产率进行定量分析和研究。那么，如何科学地评价和分析全要素生产率呢？此外，新发展格局下双向 FDI 及其协同发展对全要素生产率的影响机理究竟是什么？对中国或地区全要素生产率的影响如何？这些都是需要深入研究和解答的问题。同时，还需要比较各地区双向 FDI 及其协同发展对全要素生产率影响的差异大小，从而明确在新发展格局下，中国应该如何更好地利用双向 FDI 来促进全要素生产率的提升。通过这些研究，可以为政策制定者提供科学的决策依据，进一步推动中国经济的高质量发展。

2. 研究意义

在理论层面上。尽管既往研究已触及全要素生产率影响因素的多个维度，但其全面性和系统性仍有待加强。本书旨在通过系统剖析全要素生产率的影响因素，特别是在当前新发展格局的宏观背景下，深入探究其内在逻辑与规律，为构建更为完善和全面的全要素生产率理论体系奠定坚实基础。此外，本书还聚焦于双向 FDI 对 TFP 的影响机理，从路径探索、模式剖析及效应评估等多个维度展开详尽分析。鉴于新发展格局下双向 FDI 协同发展的显著趋势，本书更进一步地解析了这一协同过程对 TFP 的深远影响，为后续的实证研究构筑了坚实的理论支撑。

在实践层面上。本书采用 SFA3D 方法，对国家层面、省级层面及各行业层面的 TFP 进行了精确测算，力求数据的全面性与准确性。随后，从实证视角出发，深入剖析了双向 FDI 及其协同发展对 TFP 的具体影响。通过综合运用基准回归分析、稳健性检验、中介效应探讨及异质性分析等多种统计手段，并借助 Stata 大经济分析工具，本书采用了静态模型回归、双向固定效应回归等方法，全面而深入地分析了国家整体、区域差异、行业特性及经济发展水平不同地区双向 FDI 及其协同发展对 TFP 的差异化影响。同时，还针对某些特定变量的调节作用进行了更深入的实证分析，力求揭示其背后的深层机制。

在现实层面上。中国作为全球资本的重要聚集地，其引进外资与对外投资的规模持续扩大，已成为推动全球经济一体化的重要力量。为摆脱传统粗放型发展模式的束缚，实现高质量发展目标，双向 FDI 的提质增效与协同发展显得尤为重要。本书强调，TFP 的提升不仅依赖于人力、物力、资金等传统生产要素的投入，更需借助新技术革命的力量推动产品与服务的持续升级。在这一背景下，双向 FDI 的持续增长与良性互动发展无疑为 TFP 的提升注入了新的活力。同时，通过双向 FDI 实现落后能源的海外转移，不仅有助于缓解国内资源环境压力，还能通过技术外溢与产业升级效应提升整体产业的国际竞争力。因此，在当前"引进来"与"走出去"并重的战略导向下，深入探讨中国双向 FDI 及协同发展与 TFP 之间的内在联系，不仅具有重要的理论价值，更对指导实践、推动经济高质量发展具有深远的现实意义。

1.2　国内外研究综述

1.2.1　中国全要素生产率相关研究的文献回顾

在广义的经济分析框架内，全要素生产率作为一个核心指标，扮演着非常重要的角色。它不仅是一个简单的度量工具，而且是衡量一个国家或地区经济发展水平和效率的关键指标。全要素生产率的引入，使得我们能够更全面地评估经济增长的内在动力和可持续性。其核心价值在于量化评估技术进步与技术效率提升对经济增长的非传统要素贡献度。简而言之，TFP 捕捉了那些超越土地、资本及劳动力等传统生产要素投入所能解释的经济增长动力，即那些源自技术创新与管理效率优化的增长。自索洛（Solow）教授于 1957 年在其开创性著作《技术变革与总生产函数》中首次系统性地提出并构建了 TFP 的测算模型以来，该领域的研究热潮持续高涨，覆盖区域、城市、行业等多个维度，研究深度与广度不断拓展。学者们不断精进研究方法，力求更精准地刻画 TFP 的动态变化及其对经济增长的深远影响，从而为政策制定者提供更为科学、全面的决策依据。我国在改革开放之后，经济飞速发展，准确测度本国全要素生产率在理论与实务工作中变得愈发重要。1980~2000 年，许多中国学者引入、介绍与分析了关于全要素生产率测度的大量国外文献，对我国准确认识、普及与应用全要素生产率作出了巨大贡献。关于全要素生产率的测算方法，国内最早一批学者，如钟学义（1988）、魏权龄（1991）、欧阳武（1996）、姚愉芳（1998）等先后从国外权威文献著作中引入了柯布 - 道格拉斯（C - D）生产函数法、索洛残差法（solo residual）、随机前沿分析（stochastic frontier analysis，SFA）等参数方法，以及数据包络法（DEA）等非参数方法。除此之外，以上学者在我国整体对全要素生产率比较陌生的情况下，详细介绍了其主要概念、表现形式、测度方法、作用与应用场景。例如，钟学义（1996）首先论证了在我国社会主义市场经济体制下，测度与使用全要素生产率来替代技术进步率是可行的；龚飞鸿（1989）则详细介绍了测度全要素生产率的索洛残差法，并基于新古典增长模型首次计算了我国全要素生产率水平。随着全球经济总格局的不断变化和演进，企业作为经济活动的基本单元和核心参与者，其全要素生产率的重要性愈发凸显。全要素生产率不仅仅关乎企业自身竞争力的提升和维持，更是衡量企业综合运营效率和创新能力的关键指标。从宏观发展角度来看，全要素生产率对经济效率和质量的促进作用也是至关重要的。进入 21 世纪，学界逐渐认识到企业微观层面的 TFP 与中宏观层面存在显著差异，其影响机制与演变特点更为复杂多变。企业层面的 TFP 测度面临诸多挑战，其中最为显著的是企业生产函数的复杂性和数据获取的局限性。在宏观或中观层面，生产总量的测算相对清晰可靠，但在企业层面，由于数据获取的困难和生产过程的复杂性，传统方法往往难以直接应用。为此，一系列针对企业层面 TFP 的测度方法应运而生，旨在更准确地反映企业生产效率的真实状况。学者们在研究企业层面的全要素生产率测度时，面临着样本选择存在偏差和模型存在内生性问题的挑战。为了克服这些问题，他们采取了多种参数和半参数方法进行深入分析。具体来说，这些方法包括固定效应测量法、最小二乘法等传统统计技术，同时也引入了更为先进的 OP 法〔由奥利（Olley）和帕克斯（Pakes）提出〕和 LP 法〔由莱文森（Levinsohn）和佩特林（Petrin）提出〕等创新方法。通过这些综合手段，研究者们能够更准确地估计出企业生产效率的真实水平，从而为政策制定和经济分析提供更为可靠的依据。通过横向对比发现，半参数方法，特别是 OP 法和 LP 法，在解决这些问题上表现出色，成为当前企业微观 TFP 测度领域的主流方法。其中，金剑和蒋萍（2006）等对 OP 法和 LP 法进行了详细介绍，揭示了这些方法在企业 TFP 测度中的独特优势和应用前景。这些方法的引入不仅丰富了企业 TFP 测度的理论体系，也为实践中的企业生产效率评估提供了更为科学、精确的工具，有助于推动企业转型升级，提升整体经济效率。因此，下面的述评将从两个层面展开：首先从宏观上梳理讨论区域全要素生产率相关研究，包括国家、省域以及城市层面；其次，从微观角度出发，对企业的全要素生产率进行详细的梳理和讨论。

1. 区域全要素生产率（TFP）的相关研究

（1）国家层面全要素生产率测算。

以 2000 年为分水岭，分析中国全要素生产率测算研究的发展轨迹。我们可以清晰地看到，2000 年之前的研究由于方法论的局限性和数据获取的困难，整体上仍处于探索阶段，尚未达到成熟的水平。在这一时期，张军扩（1991）、沈坤荣（1997）等率先采用索洛残差法，对国家层面的 TFP 进行了初步的评估，他们的研究具有重要的开创性意义。早期研究表明，改革开放前中国经济增长主要依靠传统生产要素，TFP 贡献有限。改革开放后，经济体制变革、非国有经济发展和技术创新加速，显著提升了 TFP，成为推动经济高质量发展的关键。尽管 2000 年前的研究有不足，但为后续 TFP 研究和理解中国经济模式转型提供了基础。自 2000 年起，我国学者开始深入研究并准确测量全要素生产率，得益于引入的欧美概念、模型和方法，以及数据的丰富性。姚（Yao，2003）使用索洛残差法分析了 1952～1999 年的 TFP 动态变化，发现改革开放前 TFP 负增长，之后显著增长，年均增长 2.3%，并且劳动力质量提升。随着数据统计体系的国际化，TFP 的国际比较成为可能。郭庆旺和贾俊雪（2005）评估了 1979～2004 年的 TFP，并与世界主要经济体对比，结果显示我国 TFP 水平较低，对经济增长的贡献有限。随后，蔡跃洲（2017）以索洛残差法为基础，进一步研究了 1987～2016 年我国 TFP 的变化，指出 2005 年后技术进步对 TFP 增长的推动作用明显减弱。此外，郑世林和张美晨（2019）的研究引入了研发投入作为生产函数的新要素，重新评估了 TFP，强调提升 TFP 是缓解中国经济增速放缓压力的关键途径。

综合上述研究，尽管研究方法与时间段选择上的差异导致了 TFP 测度结果的细微差别，但学界普遍认同我国 TFP 增长的趋势性特征：自改革开放到 2005 年前的时间段，TFP 呈现持续提升，促进了经济不断增长；随后至 2015 年，受投资过热及粗放型发展模式影响，TFP 增长遭遇挫折；自 2015 年后，技术进步再次成为推动 TFP 增长的关键因素。

（2）区域层面全要素生产率测算。

在区域层面全要素生产率研究领域，大量文献采用数据包络分析和随机前沿分析作为主要的分析工具。这些研究旨在测量、分析并比较不同区域间的 TFP 差异，并深入探讨影响 TFP 的多种因素。相对而言，采用传统生产函数法进行 TFP 测度的文献数量较少，但其中不乏具有里程碑意义的研究。以颜鹏飞（2004）等的研究为例，他们巧妙地运用了随机前沿法，对中国省域层面的 TFP 进行了全面而深入的测算，成功揭示了各省域 TFP 的变动趋势及其背后的驱动因素，为区域经济发展政策的制定提供了有力的数据支持。该研究不仅丰富了区域 TFP 研究的实证基础，也为后续研究者提供了宝贵的方法论参考。此外，王志刚和周晓艳（2006）等使用数据包络法测算了不同历史时期各省份全要素生产率，结论均显示东部地区高于中西部地区。

众多文献将研究视域进一步扩大，尝试比较分析不同区域经济带全要素生产率的差距。例如，刘建翠（2017）等使用索洛残差法测度的结果显示，长三角、港珠澳地区全要素生产率明显高于其他经济区，我国全要素生产率总体呈现出东部地区高于西部地区的态势。与之相似，李言（2018）等发现我国全要素生产率存在区域发展不平衡现象，在东西部对比中表现尤为明显。除此之外，另一部分学者尝试从经济运行角度分析影响区域全要素生产率的相关因素。文献梳理发现，研发投入、人力资本、地区产业结构、对外开放程度、基础设施建设、外商投资等因素均可能直接或间接对全要素生产率变动产生影响。已有研究显示，首先，我国全要素生产率在不同区域和经济带间存在显著差异，东部沿海地区普遍高于中西部，且区域内部发展也不平衡；其次，针对影响全要素生产率的因素，不同文献使用不同时期、不同数据、不同变量所得出的结论也存在差异。

（3）城市层面全要素生产率测算。

在探讨城市全要素生产率的文献中，DEA-Malmquist 方法占据了主导地位，高春亮（2007）、李培（2007）、邵军（2010）、王艺明（2016）等虽聚焦于不同时段与城市，但核心的观点比较相似，他们认为城市 TFP 增长主要由技术进步驱动，技术效率提升的作用相对较小。然而，王德祥（2016）的研究独树一帜，他运用数据包络法针对地级市 TFP 进行测算，得出了技术效率亦对 TFP 提升有所贡献的结论，为这一领域的研究增添了新的视角。

与此同时，生产函数法作为另一种重要工具，被用于评估城市实际 TFP 水平及其对经济增长的具体贡献。龚飞鸿（1989）等研究了 1981~2008 年省会和计划单列市的 TFP，发现技术进步对 TFP 增长影响不大，投资增长是 GDP 增长的主要动力。刘建翠（2017）等的研究进一步扩展至地级市层面，运用 C－D 生产函数法揭示了各城市间 TFP 的显著差异，并指出自 2005 年以来，投资与基础建设已成为推动经济增长的关键因素。这些研究不仅丰富了我们对城市 TFP 及其驱动因素的理解，也为政策制定者提供了有价值的参考。影响城市全要素生产率的因素主要是微观变量，包括城市人口密度、城市化水平、制造业发展和区位优势等。不同文献从不同角度和时期分析了这些因素的作用。

2. 企业全要素生产率相关研究

自 2015 年以来，中国经济逐步迈入"新常态"发展阶段。在此宏观背景下，企业作为国民经济活动的核心组成部分，其全要素生产率的提高，对于确保经济整体稳定运行及激发经济内生动力，具有举足轻重的意义。因此，近年来，学术界对此领域的研究持续升温。自 2000 年以来，由于中国缺乏完善的企业数据收集体系，针对企业层面全要素生产率的研究相对较少。然而，随着中国上市公司数量的增加，企业数据的披露和收集工作逐渐规范化，学术界开始采用参数法、半参数法以及非参数法等方法，对企业全要素生产率进行深入研究。此外，增长核算法和计量经济学方法也频繁应用于该领域。具体而言，鲁晓东和连玉君（2012）总结了评估企业全要素生产率的多种方法，并通过实证数据进行了比较分析。研究结果表明，高新技术企业和东部沿海地区企业的全要素生产率较高。经过稳健性检验，半参数方法在处理内生性和样本选择偏误方面优于传统计量方法。张志强（2015）尝试解决测度企业全要素生产率时存在的偏误问题，并通过蒙特卡洛模拟技术验证了其方法的可靠性。工业企业全要素生产率的测量成为学术界关注的热点。杨汝岱（2015）运用 OP 法和 LP 法对中国制造业上市公司的数据进行分析，发现技术进步是推动全要素生产率增长的关键因素。

在研究企业全要素生产率时，除了 OP 法和 LP 法这两种经典方法外，学术界还探索了其他多种方法。这一领域的研究持续蓬勃发展，其背后的推动力主要源于传统生产函数法在应用于企业 TFP 估算时所面临的挑战，特别是参数识别的复杂性和不确定性问题。这些问题促使学者们不断探索新的方法路径，以期更精确地捕捉企业 TFP 的真实情况。

在传统的生产函数框架下，估计全要素生产率时，研究者通常面临显著的内生性问题和选择偏误，这主要是由于对已知的劳动、资本和原材料等要素投入的依赖。为了解决这一问题，部分学者在控制函数的理论框架下，缓解了估计过程中的内生性问题（De Loecker，2012）。然而，后续研究发现该方法无法解决中间投入、资本以及劳动等投入要素的共线性问题。针对这一局限，基于企业生产过程的一阶条件估计方法（GNR）应运而生（Gandhi，2014）。鉴于新估计方法的进展伴随着对传统 OP 法和 LP 法内生性与选择偏误的不断纠正，在当前经济研究领域，众多学者致力于评估和比较各种不同类型的企业全要素生产率测度方法的优劣。在此过程中，众多具有代表性的学术文献涌现，其中张志强（2015）和王健（2019）等的研究成果尤为引人注目。他们运用蒙特卡洛模拟技术，深入分析了传统的企业全要素生产率估计方法，即 OP 法和 LP 法。研究结果显示，这两种传统估计方法在实际应用中往往会导致对企业全要素生产率的高估现象。所以，关于企业全要素生产率影响因素的研究，由于中国企业的规模差异巨大、行业分散、所有制不同等固有特点，所得结论也存在差异。综合来看，外商投资、进口商品竞争、原材料价格以及信息基础设施等因素均可能对其全要素生产率变动产生影响。

1.2.2 双向 FDI 发展对中国全要素生产率影响研究的文献回顾

1. 外商直接投资对全要素生产率影响的相关研究

在学术界，关于外商直接投资对全要素生产率影响的研究已经引起了广泛关注。目前，这一领域的研究结果表现出两种完全不同的观点。一方面，主流观点认为 IFDI 能够正面且积极地促进 TFP 的提升。例如，凯夫（Cave，1974）在其研究中基于加拿大与澳大利亚的制造业数据，进行了实证分析，最后得出结论认为，IFDI 对国内企业生产率具有积极或正面的影响；该研究还进一步细分了这种正面影响的三条路径——行业垄断的打破、竞争效应的激发以及模仿效应的推动。布隆斯特罗姆和佩尔松（Blomstrom & Persson，1983）等通过墨西哥数据证实了 IFDI 技术外溢效应的存在。戈戈和泽扬（Kokko & Zejan，1996）强调墨西哥生产率增长的关键在于 IFDI 技术溢出效应。木下（Kinoshita，2001）认为 IFDI 结合资本和技术，通过示范和培训等方式对东道国企业产生正向技术溢出效应，提升全要素生产率。很多学者的研究均支持 FDI 对东道国企业全要素生产率有促进作用的结论（Gorg & Greenway，2003）。然而，另一方面，也有研究者提出了不同的观点，他们认为 IFDI 对 TFP 的影响并不总是积极的。这部分研究者指出，IFDI 可能会带来一些负面影响，例如资源的过度消耗、环境的破坏以及对本土企业的挤压等。他们认为，IFDI 的引入可能会导致东道国的资源被过度开发，从而对环境造成破坏。此外，IFDI 可能会对本土企业造成竞争压力，导致一些本土企业无法生存。这部分研究者认为，IFDI 对 TFP 的影响是复杂的。综上所述，关于 IFDI 对 TFP 影响的研究呈现出两种不同的观点。一方面，主流观点认为 IFDI 能够积极促进 TFP 的提升，通过技术外溢效应、竞争效应和模仿效应等途径，提高东道国企业的生产率；另一方面，也有研究者指出 IFDI 可能会带来一些负面影响，例如资源的过度消耗、环境的破坏以及对本土企业的挤压等。因此，对于 IFDI 对 TFP 影响的研究，需要综合考虑各种因素，不能简单地得出结论。

国内对 IFDI 与 TFP 关系的研究相对较晚，但自改革开放以来，外商投资准入的研究逐渐增多。沈坤荣（1999）通过中国省际数据实证检验，首次发现 IFDI 对中国 TFP 有显著促进作用。李平和钱利（2005）使用 1985～2003 年中国省际面板数据，改进 CH 模型，证明 IFDI 外溢效应对 TFP 增长有显著正向影响。李景睿（2009）研究珠江三角洲地区外商直接投资对技术进步的影响，发现该地区 IFDI 显著促进了先进技术的进步。胡朝霞（2010）研究了 1992~2007 年中国省际数据，发现 IFDI 显著提升服务业技术效率和技术进步。邓超正（2012）基于 2001~2008 年数据，指出 IFDI 对中国 TFP 有正向影响。王恕立和滕泽伟（2015）发现服务业 IFDI 通过资本再配置提高全要素生产率。罗军（2016）研究表明，金融水平差异下，IFDI 通过要素积累和 TFP 提升促进经济增长。郑强（2017）利用系统 GMM 方法分析外商直接投资对中国绿色全要素生产率的影响，结果显示外商直接投资促进了绿色全要素生产率增长，尤其在沿海地区最为显著。

还有一些研究指出，IFDI 对提高 TFP 没有显著促进作用，甚至可能产生抑制效果。例如，哈达德和哈里森（Haddad & Harrison, 1993）发现 IFDI 对摩洛哥企业生产率有负面影响；艾特肯和哈里森（Aitken & Harrison, 1999）以及西蒙和伯纳德（Simeon & Bernard, 2000）分别在委内瑞拉和摩洛哥、捷克的制造业数据中观察到 IFDI 的技术溢出效应为负。詹科夫和霍克曼（Djankov & Hoekman, 2000）以及巴里（Barry, 2001）等在捷克和爱尔兰的数据分析中也得出类似结论。吉尔马（Girma, 2001）和德里菲尔德（Driffeld, 2001）等在英国制造业数据中发现 IFDI 对本土企业没有外溢效应。吉尔马（Girma, 2008）等研究中国国有企业，同样未发现 IFDI 有显著正向效应。国内学者如杨文举和龙睿赟（2012）、杨俊和邵汉华（2009）、蒋仁爱和冯根福（2012）也得出 IFDI 对中国工业 TFP 有负向或不显著影响的结论。柴志贤（2013）和肖攀等（2013）的研究则显示 IFDI 对中国工业环境 TFP 有明显的抑制作用。程中华（2015）在研究绿色 TFP 的影响因素时发现 IFDI 抑制了绿色 TFP 的增长。范丹（2015）分析 2001~2012 年中国工业数据，指出 IFDI 对中国环境全要素生产率增长有负面影响。汪锋和解晋（2015）利用 1997~2012 年数据，发现 IFDI 对中国绿色 TFP 增长无显著影响。陈菁泉等（2016）通过 2001~2012 年数据，研究认为 IFDI 结构对中国工业环境 TFP 无显著影响。李斌等（2016）研究发现 IFDI 与财政分权结合可显著提升绿色全要素生产率。

2. 对外直接投资对全要素生产率影响的相关研究

学术界持续关注对外直接投资与母国全要素生产率的关系。德里菲尔德（Driffield，2009）等分析了 1987～1996 年英国对经合组织成员国制造业的 OFDI 数据，发现技术效率导向的 OFDI 有助于提升英国的 TFP。赵伟等（2006）则从中国的角度，通过理论和实证研究探讨了 OFDI 与技术进步之间的联系。顾雪松等（2015）通过理论模型和 2003～2012 年中国省级数据研究发现，区域市场整合和 OFDI 在技术进步上替代，在资源配置上互补，但对规模经济贡献不明显，两者对 TFP 有显著替代效应。赵桂梅等（2016）也认同 OFDI 有利于提升中国 TFP，但指出其对技术水平的直接提升作用并不显著；霍忻和刘宏（2016）指出中国对外直接投资能提升国内全要素生产率，但其作用比 IFDI、进口贸易和国内研发小。郑强（2017）通过面板门槛模型发现，OFDI 对母国 TFP 的影响受本国金融发展水平的双门槛效应制约，而中国的金融发展水平尚未达到使 OFDI 产生正向生产率溢出的门槛。同时，并非所有研究都得出中国 OFDI 对 TFP 有正面影响的结论。邹玉娟和陈漓高（2008）的研究显示，中国 OFDI 与 TFP 变化同步，但未确定因果关系。李泳（2009）利用上市公司数据得出中国跨国企业对外投资未提升技术程度的结论。白洁（2009）分析了中国对发达国家的投资数据，发现 OFDI 的逆向技术溢出效应虽有正面趋势但不显著。李梅和金照林（2011）通过省级面板数据研究，发现中国通过 OFDI 获取的国际研发溢出对国内 TFP 的影响不显著。李杏等（2016）的研究表明，对外直接投资的逆向技术溢出效应在不同行业间存在差异，并且对全要素生产率的不同组成部分——纯技术进步（EC）和技术效率（TC），其影响也不尽相同。陈晔婷和朱锐基（2018）利用中国省级面板数据，通过广义最小二乘法分析，得出中国 OFDI 技术溢出效应对 TFP 影响不显著的结论。周梦姣（2018）对 2003～2015 年中国省际面板数据的研究发现，中国 OFDI 的逆向技术溢出效应在地区间存在差异，且这种效应尚未显现。

综上所述，OFDI 与母国 TFP 之间的关系复杂多变，既受到多种因素的正面促进，也可能因金融发展、行业特性及地区差异等因素而呈现不同效果。今后的研究还需要深入探索这些影响机制及其动态变化。

1.2.3 双向 FDI 协同发展对中国全要素生产率影响研究的文献回顾

关于双向 FDI 协同发展对全要素生产率影响的研究文献相对较少。多数学术论文倾向于将 IFDI 与 OFDI 作为独立变量，分别探讨它们对全要素生产率的影响。少数学者将 IFDI 与 OFDI 纳入统一的研究范畴，并不是针对全要素生产率的研究，而是关注双向 FDI 协同发展对绿色全要素生产率（GTFP）的影响，对于双向 FDI 协同发展影响全要素生产率的研究有一定的指导意义。例如，李姚（2019）在其研究中将 IFDI、OFDI 及其交互项纳入分析框架，并采用 GMM 动态模型，探讨了 IFDI 与 OFDI 及其交互项对 GTFP 的影响，结果表明两者的协同效应未能促进 GTFP 的增长。郑强和冉光和（2018）通过构建动态面板数据模型进行实证分析，发现双向 FDI 的交互作用对中国 GTFP 的发展具有显著的正面影响。姚鑫（2022）利用数据包络分析与 Tobit 模型对双向 FDI 对 GTFP 的影响进行了实证研究，研究结果表明双向 FDI 的良性协同互动作用显著促进了中国 GTFP 的增长。宋晓玲等（2021）从技术创新视角出发，研究了双向 FDI 协同发展对绿色经济效率的影响，实证结果揭示了以自主创新能力和模仿创新能力为门槛变量时，双向 FDI 与绿色经济效率之间存在典型的非线性关系。汪克亮等（2022）从产业结构升级的视角出发，研究了双向 FDI 协调发展对 GTFP 的影响，研究结果表明双向 FDI 协同发展能够通过促进产业结构升级的途径提高 GTFP。马广程和杨小忠（2022）基于 2003～2018 年中国 30 个省、区、市的数据，通过动态面板和中介效应分析得出结论，双向 FDI 能够显著促进中国 GTFP 的发展，但单独来看，对外直接投资同样能够促进 GTFP 的提升，而外商直接投资却显示出显著的抑制作用。

1.3　相关概念界定及分析

1.3.1　新发展格局

1. 新发展格局提出的历史维度

20世纪初，中国经济结构仍以农业为主，工业基础薄弱，未能形成自主的工业体系。中华人民共和国成立后大力推进以重工业为中心的社会主义工业化，并在若干工业领域建立起独立完整的体系。但我国内外经济联系较为薄弱。

1978年以来，我国正式开启了改革开放的伟大征程，致力于社会主义现代化建设，迈入了一个崭新的历史阶段。特别是进入21世纪后，中国在2001年成功加入了世界贸易组织，这一重大事件不仅象征着我国在国际舞台上的地位得到了进一步提升，也标志着我国深度融入全球经济体系，成为全球经济格局中不可或缺的一部分。依托我国庞大的劳动力资源和日益完善的基础设施，我国制造业迅速崛起，逐步发展成为全球制造业的重要基地。中国的工厂遍布各地，生产着从日常用品到高科技产品的各种商品，被誉为"世界工厂"。此阶段，国家发展策略聚焦于吸引外资流入与扩大出口规模，有效推动了经济的飞跃式增长。

当前，国际环境复杂多变、全球贸易环境趋于紧张、贸易保护主义势力抬头以及新冠疫情带来的全球性公共安全挑战等问题，对我国长期依赖出口驱动的发展模式构成了新的挑战。在全球局势的剧烈变动与百年未有之大变革的宏观背景下，我们必须具备敏锐的洞察力，去深刻剖析我国社会主要矛盾的新动态所引领的未来发展潮流与迫切需求。坚持在开放中谋求发展，勇于在挑战中寻找并把握新的发展机遇，推动中国经济实现更高质量、更可持续的发展。所以，中国经济正面临着一个至关重要的转型升级阶段。这一时期的核心任务在于实现经济发展模式的根本性转变，即从过去的高速增长阶段迈向一个更加注重质量和效益的高质量发展阶段。

2. 新发展格局提出的现实维度

新发展格局的提出，是深刻洞察我国经济发展所处阶段，并综合考虑国内外多重因素的结果。从国内视角看，我国庞大的人口基数不仅是发展的基石，也是驱动经济持续繁荣的强劲引擎，为各行各业创造了庞大的市场需求和消费潜力。然而，地域间的发展鸿沟，特别是东部与中西部之间的显著差距，如同一道屏障，阻碍了经济均衡发展的步伐，成为制约整体经济持续健康增长的关键因素。上海的市场化发展水平一直是东部地区乃至全国的领头羊，根据樊纲和王小鲁（2018）的中国市场化指数测算方法计算得出，2013～2023 年上海市场化指数从 10.275 稳步提升至 12.97；位于中部地区的省份，如安徽和江西市场化指数增长相对比较稳健，2013～2023 年安徽市场化指数从 8.273 升至 10.606，江西市场化指数从 7.167 升至 10.619，表明中部省份在推进市场化改革上取得了一定的成效；西部地区的新疆，2013～2023 年市场化指数从 3.58 增长至 6.923。显然，东部沿海区域在市场化进程上展现出较高的指数水平，并且其增长速度也显著快于中西部地区。中部地区则位于这一增长梯度的中间位置，增速适中。至于西部地区，尽管其整体增长速度相对较慢，但值得注意的是，像云南和新疆这样的省份正展现出强劲的增长动力，逐渐拉近与东中部地区的差距。

从全球视野审视，中国已坚实地跃居为世界第二大经济体，且在货物贸易领域内稳居前列，中国在全球经济结构中的占比持续增长，进一步凸显了我国在国际舞台上的影响力与经济实力显著提升。然而，我国经济在蓬勃发展之际，亦须应对多方面的挑战与考验。在发展过程中，全球经济的不确定性增加，如全球贸易保护主义抬头、国际政治经济形势多变等因素，对我国外贸导向型的经济结构形成了一定挑战。确保国内供应链的稳

定性和安全性，是对这种外部不确定性的有效应对和自我保护。通过优化
国内循环，可以在一定程度上消减外部冲击对国内经济的影响，加强发展
的主动性和自主权。

3. 新发展格局提出的理论维度

宏观经济理论强调内需驱动与外需拉动共同作用促进经济增长，因此，
经济决策者不仅需要考虑外需，也需要强调内需在经济增长中的基础性作
用。随着全球化的深入发展，外部环境的不确定性增强，促使我国将注重
内部市场的培育与发展、强化内循环作为经济增长的主要着力点，从而
形成更为坚实的经济基础。产业组织理论和新经济地理学为新发展格局的
市场内部结构和空间布局提供了理论支持。从产业内部来看，提高供给体
系质量、优化产业结构、增强技术创新是构建新发展格局的关键。从经济
地理的角度来看，打破地域限制，加强区域经济的协调发展，通过区域经
济一体化，促进区域市场与资源的互联互通，有助于构建统一的国内大市
场格局，推动经济资源在国内市场中的自由畅通流动，并实现资源的优化
配置与高效利用。另外，信息不对称理论对新发展格局中的信息流通与市
场机制构建提供了分析视角。在新发展格局下，建设现代化经济体系和高
效市场机制，需要大幅度改善信息流通与透明度。通过降低信息不对称带
来的市场失灵风险，有效促进市场主体间的合理互动，进而提升整体经济
的协调性和效率。从比较优势理论来看，新发展格局并不意味着放弃国际
合作与交流，而是在确保国内经济稳健发展的同时，优化国际经济合作，
根据比较优势调整对外开放格局和模式。综合利用国内国际两个市场两种
资源，既可以发挥国内循环的主导作用，又可以有效利用国际市场和资源
优势，实现互补共赢。

1.3.2　全要素生产率

全要素生产率不仅仅局限于传统的生产要素，如土地、劳动力和资本，

还涵盖了更为广泛的经济增长动力。具体来说，全要素生产率代表了那些超越传统生产要素之外的经济增长份额，这些份额主要来源于技术进步和技术效率的提升。

简而言之，TFP 代表了那些无法通过传统生产要素投入直接解释的经济增长部分，是衡量技术进步与技术效率对经济增长贡献程度的关键指标。同时，生产率作为衡量生产效率的标准，通常表达为产出与投入之比，是评估经济活动中资源利用效率的重要依据。当我们单独考察一个要素的投入与产出时，得到的就是该要素的单要素生产率，例如当我们考察劳动要素、资本要素、土地要素、资源要素的投入与产出时，可以得到这些要素各自的单要素生产率。这种分析方法可以帮助我们了解各个要素在生产过程中的效率和贡献度。然而，仅仅关注单个要素的生产率并不能全面反映整个生产过程的效率。为了更全面地评估一个经济体或企业的生产效率，我们需要考虑所有生产要素的综合投入产出比。这种综合考虑所有要素的生产率被称为全要素生产率。19 世纪 40 年代以来，随着索洛残差与全要素生产率概念的提出，人们开始由研究单要素生产率理论转向研究全要素生产率理论。丁伯根（Tinbergen，1942）在其研究中，首次将全面涵盖所有生产要素投入产出比例的经济衡量标准融入其经济增长模型之中，这一创新性的做法极大地提升了人们对全要素生产率在经济增长中扮演核心角色的认识。这一发现迅速引起了学术界的广泛关注，全要素生产率便成了众多学者深入研究和热烈讨论的热门话题。时至今日，它已普遍被用作评估一个国家技术效率、科技创新能力以及资源优化配置等综合实力的关键指标。

1.3.3 双向 FDI 协同发展

双向 FDI 协同发展的内涵在于 IFDI 和 OFDI 二者相互作用、协同发展。IFDI 可使一国获得技术溢出作用。在发展中国家，通过引进外商的投资，提升了本国企业先进技术和高级人力资本等硬实力和软实力，提高了本国生产能力水平，进而发掘出其对外投资的潜力。OFDI 具有逆向技术溢出作用。政府能够利用其不断提高本土的生产技术水平，从而更好地吸引和留住更多的外商。除此之外，IFDI 和 OFDI 还将通过贸易、产业等渠道产生互动效应，因此，促进 IFDI 和 OFDI 健康互动有助于刺激贸易增长并优化产业结构。结合国际直接投资发展阶段理论与我国当前实际情况，双向 FDI 协同发展被视为一种战略路径，旨在通过"引进来"策略的有效实施，促进并优化"走出去"的步伐，同时，借助"走出去"的成功经验，反过来增强国内对外资的吸引力。这种相互依存、相互促进的关系，可以借鉴容量耦合系统的理论框架来量化分析。本书在此基础上，参照黄凌云（2018）等的研究方法，对双向 FDI 的协同发展水平进行了具体的度量与评估。

1.4 研究方法和创新点

1.4.1 研究方法

1. 文献分析与归纳演绎相结合

在当前全球经济格局快速演变的背景下，本书致力于构建一个全面的研究框架，以深入分析新发展格局下双向 FDI 及其协同发展与全要素生产率之间的复杂关系。为此，笔者不仅广泛搜集了国内外关于这一主题的丰富文献资料，而且采取了多元化的渠道，确保了研究的广度和深度。这些资料包括学术论文、政策报告、行业分析以及专家评论等，它们为研究提供了多维度的视角和深入的见解。在新发展格局的宏观视角下，本书深入剖析双向 FDI 及其协同效应对 TFP 的潜在影响。在本书写作前，笔者细致阅读了相关领域的最新研究成果，还特别关注了 TFP 的测算方法、资本存量的精确估算以及要素投入指标的科学设定等关键问题，对这些方法和指标进行了详尽的探讨，以确保研究的准确性和可靠性。通过对国内外前沿文献的系统梳理与对比分析，旨在精准把握该领域的研究动态与趋势。本书不仅关注了理论的发展，还深入探讨了实践中的应用和挑战。研究过程中，对不同学者的观点进行了比较，对不同国家和地区的案例进行了分析，以期找到普遍规律和特殊现象之间的联系。

2. 理论分析与实证分析相结合

本书深入探讨了全要素生产率这一核心概念，并对其背后的经济增长理论框架进行了全面的回顾。通过对相关文献的详细梳理和分析，为后续研究中 TFP 测算方法的选择与应用奠定了坚实的理论基础。在此基础上，进一步细化了对 TFP 影响因素的探讨，通过数据及图表分析的直观呈现方式，深入剖析了各因素对 TFP 的作用机制，为实证模型的构建提供了有力的理论支撑。具体而言，本书采用了 SFA3D（Stochastic Frontier Analysis in Three Dimensions）方法，对 TFP 进行了科学而精确地测算。SFA3D 方法是一种三维随机前沿分析技术，它不仅考虑了传统的投入和产出因素，还引入了时间维度，使得我们能够更全面地捕捉 TFP 的动态变化。通过这种方法，我们能够更准确地评估各种因素对生产率的影响，从而确保了研究结果的可靠性和有效性。通过对 TFP 的精确测算，我们能够更好地理解经济增长的内在机制，为政策制定者提供科学的理论依据。

3. 定性分析与定量分析相结合

在进行研究时，本书还采用了定性分析与定量分析相结合的方法，以确保研究结果的全面性和准确性。在定性分析层面，特别关注了双向 FDI 及其协同发展对全要素生产率的内在作用机制。特别是在当前新发展格局的背景下，通过途径、形式与效应三个维度进行细致的剖析，深入探讨了双向 FDI 如何影响 TFP 的深层次逻辑，详细分析了双向 FDI 协同发展对 TFP 的影响机制，揭示了双向 FDI 及协同发展对 TFP 影响的复杂性和多样性。在定量研究中，定性分析中的影响机制为其精准选取关键指标、构建合理假设提供理论依据，为科学、准确地进行基准回归检验、门槛效应检验、调节效应检验及一致性检验等提供理论基础。本书定性分析与定量分析相结合，实现理论与实证闭环研究，使研究主题更加全面、深刻。

4. 比较研究法

在理论分析过程中，本研究不仅仅将注意力集中于双向 FDI 在不同省份和产业之间所表现出的规模差异、投资方式的不同、区位选择的多样性以及产业分布的不均衡性上，更为重要的是，通过采用一系列深入比较，进一步揭示了这些差异性背后所隐藏的深层次原因和内在机制。在实证分析的部分，本书从异质性视角出发，全面且深入地探讨了在国家整体层面、不同区域之间、各个行业特性以及经济发展水平存在差异的不同地区中，双向 FDI 及其协同发展对全要素生产率所产生的差异化影响。这种多维度、多层次的比较研究不仅极大地丰富了本书的研究内容，使研究结果更为全面和立体，同时也为政策制定者提供了更为全面和细致的参考依据。通过这些研究发现，政策制定者可以更加精准地把握问题的关键所在，从而有效地制定出针对性的政策和措施。

1.4.2　创新点

（1）本书摒弃传统的全要素生产率研究方法，转而结合新发展格局的时代背景，致力于构建一个高质量的双向 FDI 及协同发展的开放型经济体系。这样的研究方向不仅具有重要的理论价值，而且在现实经济发展中也尤为关键。在以往对全要素生产率的研究中，主要集中在经济增长和数字化议题上，将新发展格局背景纳入考量的研究却相对较少。新发展格局强调的是国内国际双循环的相互促进，这与全要素生产率提升的内在逻辑紧密相连。因此，结合新发展格局背景，打造一个高质量的开放型经济，已经成为研究全要素生产率的一个重要且具有现实意义的视角。

（2）新发展格局下，对双向 FDI 质量提出了更高要求。全要素生产率是一个由多种因素构成的复杂函数，双向 FDI 是其重要的影响因素，要想实现可持续发展，就必须对高质量开放型经济发展体系进行严格把控。本书在研究双向 FDI 对全要素生产率影响机制的检验中，通过门槛效应理论分析，设置门槛变量及构建模型，进行门槛效应检验；设定相应的高质量双向 FDI 门槛条件，以此来提升全要素生产率。通过双向 FDI 协同效应以及调节效应，探索双向 FDI 协同发展推动全要素生产率提升的调节变量。基于此，分析新发展格局下全要素生产率提升对双向 FDI 及协同发展的门槛变量，以及设立门槛的条件，并进行验证，是本书的创新之处。

（3）双向 FDI 对全要素生产率影响的异质性分析以往主要聚焦于区域异质性，本书将全方位、多层面地进行异质性研究，主要从区域异质性、地区发展水平异质性以及行业异质性的角度，分析双向 FDI 影响全要素生产率的异质性特征；并进行充分的比较分析，力图通过全面的异质性检验，研究中国不同区域、不同行业及不同发展水平的地区在双向 FDI 发展过程中，如何促进全要素生产率的提升。

（4）本书在研究过程中，强调理论分析与实证检验的深度结合。通过分析新发展格局下双向 FDI 及其协同发展对全要素生产率影响的作用机理和影响因素，为实证研究奠定理论基础。采用 SFA3D 方法对国家层面、省域层面以及行业层面的全要素生产率进行测算，试图从区域异质性、地区发展异质性、行业异质性角度分析双向 FDI 影响全要素生产率的差异。通过基准回归、门槛效应、中介效应、调节效应、区域异质性检验、地区发展异质性检验、行业异质性检验，引入静态模型回归、双向固定效应回归分析、门槛效应等分析工具。这些研究角度和分析是以往文献没有涉及的，进一步拓展了全要素生产率与双向 FDI 理论的相关研究。同时，重视宏观、中观和微观数据的获取与结合，确保理论分析与实证检验能够深度结合，从而实现研究的闭环。

第2章 中国双向FDI发展现状分析

2.1 中国IFDI与OFDI的发展阶段

2.1.1 中国IFDI的发展阶段

中国IFDI在不同的发展阶段，展现出不同的特点。总体来说，1979～
1986年，中国开始吸引外商投资，设立经济特区，第三产业成为重点领域，
投资主体主要来自中国香港、中国澳门等邻近经济体。1987～1991年，中
国对外开放政策加强，提供了税收减免等优惠，并利用沿海市县和海南经
济特区吸引外资，上海浦东成为新的经济技术开发区。1992～1995年，外
商直接投资项目数量和金额大幅增长，关键领域和基础产业逐步开放，发
达国家的跨国公司陆续入驻我国境内。1996～2000年，中国更加注重外资
项目质量，推动经济和产业结构优化升级，高新技术产业成为新投资热点。
2001年至今，中国进一步提高外资准入标准，主要在高新科技产业方面吸
引投资，加强对外资企业监管和服务。

1. 初始探索阶段（1979～1986年）

此阶段标志着外商直接投资在中国的正式起步。为了营造有利于外资
进入的法律环境，1979年7月，我国颁布了《中华人民共和国中外合资

经营企业法》，为外资企业的权益保护提供法律保障。同期，珠海、深圳、厦门和汕头被设立为经济特区，成为吸引外资的前沿阵地。此阶段，第三产业成为外资投资的重点领域，投资主体主要来自中国香港、中国澳门等邻近地区，且多集中于沿海经济较为发达的地区，如广东、上海等。投资项目多为劳动密集型，对技术要求不高，但依赖大量劳动力和资本投入。

2. 初级发展阶段（1987～1991 年）

此阶段标志着中国对外开放政策的重要起步。1986 年 10 月，国务院颁布的《鼓励外商投资的规定》，为外资企业，尤其是技术导向型和出口导向型的企业，带来了前所未有的优惠待遇。这些企业不仅在生产环境上得到了显著改善，还享受到了税收减免、土地优惠等一系列政策红利。1988 年 3 月，国家进一步加大了开放力度，将全国众多沿海市县纳入了国家经济技术开发区的版图。同年 4 月，海南经济特区的成立更是促使这一趋势持续发展。值得一提的是，1990 年 4 月，上海浦东凭借其独特的地理位置和战略意义，被党中央选定为新的经济技术开发区，并迅速崛起，成为长江三角洲地区的经济开放标杆。这一系列政策的实施与执行，不仅极大地改善了投资环境，还激发了外商直接投资的热潮，来自欧美等地的外资纷纷涌入，为中国经济注入了新的活力。

3. 高速发展阶段（1992～1995 年）

1992 年，邓小平的南方谈话如同催化剂，加速了中国改革开放的步伐。在这一时期，外商直接投资如雨后春笋般涌现，投资项目数量和金额均实现了质的飞跃。与此同时，保险、金融、商品零售等关键领域和基础产业也逐步向外资开放，为外资企业在中国的多元化发展提供了广阔空间。随着美、日、欧等发达经济体大型跨国公司的纷纷入驻，外商直接投资成为推动中国经济发展的重要力量。这一阶段的外商直接投资呈现出项目投资水平提升、劳动密集型产业项目大幅增加、投资热点向基础设施和基础产业转移等显著特点。

4. 稳定发展阶段（1996～2000 年）

进入稳定发展阶段后，中国利用外商直接投资的质量与效率均实现了显著提升。在数量上继续保持稳步增长的同时，更注重外资项目的质量筛选和效益评估。这一时期，外商直接投资不仅促进了中国经济结构和产业结构的优化升级，还推动了高新技术产业的快速发展。一些技术含量高、创新能力强的高新技术产业逐渐成为吸引外商直接投资的新热点。

5. 调节阶段（2001 年至今）

自 2001 年起，中国进入了外商直接投资的调节阶段。面对外资大量涌入的新形势，中国政府采取了一系列措施来保障外资质量并引导其合理布局。其中，门槛制度的设定是重要举措之一，通过提高外资准入标准来筛选优质投资项目。在这一阶段，高新科技产业凭借其巨大的发展潜力和市场前景成为吸引外商直接投资的重要领域。同时，中国还加强了对外资企业的监管和服务力度，以确保其在中国市场的合法合规运营和可持续发展。

2.1.2 中国 OFDI 的发展阶段

中国自改革开放以来，加强对外经济发展，对外直接投资（OFDI）的发展尤其显著。截至 2022 年，我国已经对世界上超过 80% 的国家或地区进行了境外投资，连续 11 年在世界 OFDI 的排名保持前 3。实际上，中国的对外直接投资经历了不同的发展阶段，本书将详细介绍中国对外直接投资的规模、方式、行业分布、区域分布等，全方位分析中国 OFDI 现状。图 2-1 显示了中国 OFDI 的发展阶段。

<table>
<tr><td>

试水阶段

改革开放开始到新世纪初，即1978~2000年。新中国成立以来，在最初的发展阶段，中国OFDI面临着各种困难，对发达经济体的投资相对较少，主要集中在发展中国家或欠发达国家，但是中国OFDI发展一直稳步前进。在此阶段，政府加大政策支持力度，鼓励海外投资，促使很多大型国有企业勇于参与海外投资，投资的主要方向集中在能源、交通等传统领域
</td></tr>
</table>

<table>
<tr><td>

起飞阶段

2001~2010年。中国2001年加入WTO后，OFDI呈现出投资规模加大、投资领域或产业更宽泛，主要领域从原本单一的传统行业拓展到服务业、制造业等新兴行业，投资区域也从亚洲地区向欧美发达地区拓展。与此同时，不仅仅局限于国有企业，更多的民营企业加入对外投资的行列，投资主体更加丰富、多样化
</td></tr>
</table>

<table>
<tr><td>

调整阶段

2010~2016年。中国OFDI进入相对合理的调整期，对外投资不仅仅强调数量，更讲究质量，提质增效成为OFDI的重点。在此过程中，尤其是中国在市场体制改革方面有效推动，为中国OFDI高质量、迅速发展提供了有利条件
</td></tr>
</table>

<table>
<tr><td>

黄金发展阶段

2017年至今，中国OFDI步入稳定发展过程，涉及领域更广，包括能源、服务业、矿产等。并且更多关注OFDI发展质量，与东道国有效互动、协同发展，达到互利共赢。提升我国在世界经济地位的同时，也促进了东道国经济、技术水平的发展
</td></tr>
</table>

图 2 - 1 中国 OFDI 的发展阶段

2.2 中国 IFDI 与 OFDI 的发展方式和规模

2.2.1 中国 IFDI 发展方式

外商直接投资作为全球经济合作与交流的重要形式，其按照投资归属的不同，可以明确地划分为跨国并购与绿地投资两大类别。跨国并购，作为一种策略性经济行为，通过跨越国界的交易手段和财务安排，把其他国家企业部分或全部份额的股权购买下来，是跨国公司更加青睐的一种经济一体化参与方式。这种行为不仅有助于跨国公司深化市场渗透、优化资源配置，还能迅速扩张业务，实现全球战略目标。例如，跨国公司通过并购

当地企业，可以迅速获得市场份额，利用现有的销售渠道和客户基础，减少进入新市场的障碍。绿地投资，则强调外资实体在东道国法律框架下的全新构建，从设立新工厂到研发中心，都彰显了外资在东道国的深入融合与长远承诺。这种投资方式不仅为东道国带来资金和技术，还可以创造就业机会，促进当地经济的发展。例如，跨国公司在中国设立的研发中心，不仅推动了技术创新，还培养了一批高素质的技术人才。绿地投资可以进一步细分为国际合资与国际独资，其拓展形式包括中外合资、中外合作、外商投资股份制、外资独资及合作开发等。每种形式都各具特色，承载着不同的合作理念与经营策略。例如，中外合资企业结合了中外双方的优势资源，实现了互利共赢；而外资独资企业则提供了更大的自主性和灵活性，便于跨国公司根据自身战略进行调整。

回顾中国改革开放的历程，外商直接投资方式与中国经济发展紧密相连。在改革开放初期，中外合作经营模式以其灵活性而著称，吸引了大量外资。例如，早期的中外合作经营项目，通过灵活的管理方式和市场适应性，迅速占领了市场。随着改革的不断深化和市场的逐步开放，中外合资逐渐成为外资进入中国市场的重要桥梁。例如，中外合资汽车企业通过引进国外先进技术，推动了中国汽车工业的发展。2012 年以来，独资经营在我国的外商直接投资中占据了主导地位，无论是项目数量还是外资利用额都遥遥领先，这充分彰显了外资对中国市场的信心以及中国对外开放成果的认可。这一趋势不仅反映了外资对中国市场潜力的认可，也体现了中国持续优化营商环境的努力成果。例如，中国政府通过简化审批流程、降低企业税负等措施，吸引了大量外资企业投资中国，进一步促进了经济的繁荣与发展。2020 年 1 月 1 日《中华人民共和国外商投资法》正式实施后，不再对外资区分投资方式统计，因此，2020 年之前相关外资投资方式的发布对本书的研究依然具有参考价值。根据中国外商直接投资统计公报，截至 2019 年底，中国累计设立外商投资企业 1001635 家，累计实际使用外资金额达 22904.8 亿美元。其中，外资企业数量 586795 家，占全部外商直接投资企业数的 58.58%，实际使用外资金额 14274.1 亿美元，占全部实际使用外资金额的 62.3%；中外合资企业 352076 家，占全部外商直接投资企业数的 35.15%，实际使用外资金额 5645.5 亿美元，占全部实际使用外资金额的 24.6%；中外合作企业 61089 家，占全部外商直接投资企业数的 6.1%，实际使用外资金额 1127.5 亿美元，占全部实际使用外资金额的 4.9%。具体如表 2-1 所示。

表 2-1　　　　　　　　　2019 年外商直接投资分方式统计

投资方式	企业数		实际使用外资金额	
	数量（家）	比重（%）	金额（亿美元）	比重（%）
总计	1001635	100	22904.8	100
中外合资企业	352076	35.15	5645.5	24.6
中外合作企业	61089	6.10	1127.5	4.9
外资企业	586795	58.58	14274.1	62.3
外商投资股份制	1048	0.10	503.5	2.2
其他	627	0.06	1354.2	6.0

资料来源：商务部。

据国家统计局统计，2022 年外商直接投资新设立企业 38497 家，比 2021 年下降 19.2%。其中共建"一带一路"国家对华直接投资（含通过部分自由港对华投资）新设立企业 4519 家，下降 15.3%。2022 年中国外商独资企业数量为 38497 家，与 2019 年相比较，增长显著。此外，2023 年中国新设外商投资企业数量大幅增长，全年新设外商投资企业数量增长至 53766 家，增速高达 39.7%，新设外商投资企业数量创近五年新高。可见，中国外商直接投资企业数量显著增加，投资方式逐步优化。

2.2.2　中国 OFDI 方式

中国 OFDI 方式主要分为两种：跨国并购与绿地投资。改革开放后，中国的跨国并购发展迅速，成为对外直接投资企业常采用的策略之一；近年来，受新冠疫情、全球经济形势的影响，跨国并购发展相对缓慢，而 2023 年呈现增长趋势。中国绿地投资于 2022 年开始上升，投资规模逐步攀升；2023 年中国 OFDI 中，绿地投资金额大幅增长并创历史新高，体现了中国企业投资能力的提升。

1. 跨国并购

跨国并购是我国对外直接投资企业常采用的策略之一，2005～2018 年，尽管并购金额出现了一定的上下浮动，但总体呈增长态势。从 2019 年开始，金额急剧回落，同期水平低于 2017 年。观察跨国并购交易的规模演变，2005～2016 年，跨国并购交易的金额经历了一段曲折的上升阶段，在此期间，交易金额时而攀升，时而回落，但总体上呈现出了显著的上升趋势。尤其值得注意的是，2016 年成为这一趋势的巅峰时刻。这一年，中国信达资产管理股份有限公司凭借其强大的经济实力和敏锐的市场洞察力，完成了一桩震撼业界的跨国并购交易——以高达 88.8 亿美元的巨资，成功将南洋商业银行的全部股权纳入其内。这一交易不仅是中国企业当年在海外并购市场中的一次重大胜利，更以其庞大的交易规模，成为中国历史上最引人注目的跨国并购项目之一。2016 年以后，国内实施紧缩的外汇管制及货币政策，降低了我国海外并购的规模，我国跨国并购的交易金额骤减。步入 2022 年后，我国企业跨国并购规模的增长趋势虽仍可见，但在全球范围内新冠疫情的持续蔓延与地缘政治局势的日益复杂等不利因素的共同作用下，其增长速度明显受到制约，增长率仅为 7.6%。总而言之，我国跨国并购的发展展现出鲜明的阶段性特征。同时，随着国内企业海外扩张步伐的日益加快，跨国并购的目标国家与地区也悄然发生了变化。2005～2022 年，中国企业的跨国并购活动已经触及了全球六大洲的广阔天地，覆盖了多达 127 个国家和地区。这一过程中，并购项目的数量不断攀升，彰显了中国企业在全球并购市场上的强劲增长势头。尤为值得一提的是，亚洲地区始终是中国跨国并购活动的核心舞台。2007～2022 年，无论是从并购项目的数量还是金额来看，亚洲都稳居中国跨国并购目标区域的首位。特别是 2013 年，受益于我国"一带一路"倡议的提出，我国企业在亚洲实施的跨国并购数量激增，同比跃升了 35%，成为该时期增幅最大的年份。与此同时，我国对发达经济体表现出越来越高的并购倾向。2016 年，我国在欧洲地区的并购活动表现强劲。其并购数量在全球并购市场中的占比紧随亚洲之后，分别为 24.6% 和 32.6%，彰显了我国在国际并购舞台上的重要影响力。然而，随着时间的推移，自 2017 年起，这一趋势发生了显著变化，我国在欧洲的跨国并购活动开始逐渐减少。2017～2022 年，我国在欧洲完成的跨国并购数量由 112 笔降低至 69 笔，呈现出递减的趋势，年平均下降了 16.4%。2023 年，世界经济复苏乏力，地缘政治冲突加剧，保护主义、单边主义上升，受多重因素影响，全球跨国并购交易下降 15%，交易规模降至 10 年来最低。但值得注意的是，2023 年，中国企业对共建"一带一路"国家实施并购项目 111 个，并购金额达 121.3 亿美元，占并购总额的 59%。其中，新加坡、印度尼西亚、波兰、韩国和老挝等国吸引中国企业投资并购规模均超 5 亿美元。

商务部数据显示，2023 年，中国企业共在 53 个国家（地区）实施并购项目 383 起，对外投资并购交易总额 205.7 亿美元，较上年增长 2.5%。但规模仍为 2010 年以来第二低位。从并购资金来源看，国有企业境内出资 167.8 亿美元，占并购总额的 81.6%，境外融资 37.9 亿美元，占并购总额的 18.4%。2004～2023 年中国对外直接投资并购情况如表 2－2 所示。

表 2－2　　　　　　　2004～2023 年中国对外直接投资并购情况

年份	并购金额（亿美元）	同比增长率（%）	比重（%）
2004	30.0	—	54.4
2005	65.0	116.7	53.0
2006	82.5	26.9	39.0

续表

年份	并购金额（亿美元）	同比增长率（%）	比重（%）
2007	63.0	−23.6	23.8
2008	302.0	379.4	54.0
2009	192.0	−36.4	34.0
2010	297.0	54.7	43.2
2011	272.0	−8.4	36.4
2012	434.0	59.6	31.4
2013	529.0	21.9	31.3
2014	569.0	7.6	26.4
2015	544.4	−4.3	25.6
2016	1353.3	148.6	44.1
2017	1196.2	−11.6	21.1
2018	742.3	−37.9	21.7
2019	342.8	−53.8	12.6
2020	282.0	−17.7	10.7
2021	318.3	12.9	11.4
2022	200.6	−37.0	9.3
2023	205.7	2.5	9.5

注：2012～2023 年并购金额包括境外融资部分。表中比重为并购金额中直接投资占当年流量的比重。

资料来源：历年《中国对外直接投资统计公报》。

从对外投资并购所涉及行业角度来看。2023 年，中国企业对外投资并购涉及制造业、租赁和商务服务业、信息传输、软件和信息技术服务业等 17 个行业门类（见表 2-3）。从并购金额上看，制造业 77.2 亿美元，居首位，涉及 127 个项目；租赁和商务服务业 33.7 亿美元，位居次席，涉及 29 个项目；信息传输、软件和信息技术服务业 23.7 亿美元，居第 3，涉及 38 个项目。

表 2-3 2023 年中国对外投资并购行业构成

行业类别	项目数量（个）	金额（亿美元）	金额占比（%）
制造业	127	77.2	37.5
租赁和商务服务业	29	33.7	16.4
信息传输、软件和信息技术服务业	38	23.7	11.5
采矿业	29	16.5	8.0
科学研究和技术服务业	45	13.2	6.4
电力、热力、燃气及水的生产和供应业	15	12.7	6.2
批发和零售业	43	7.9	3.9
房地产业	4	6.0	2.9
农、林、牧、渔业	5	5.9	2.9
交通运输、仓储和邮政业	25	2.7	1.3
住宿和餐饮业	7	2.1	1
教育	2	1.1	0.5
建筑业	4	1.1	0.5
金融业	3	1	0.5
其他	7	0.9	0.5
总计	383	205.7	100

资料来源：《2023 年度中国对外直接投资统计公报》。

2. 绿地投资

我国绿地投资与跨国并购在演变趋势上呈现出诸多共通之处，两者都明显展现了阶段性发展的特点。从时间线来看，2005～2017 年，绿地投资的数量经历了显著的波动式增长，这种趋势的起伏反映了全球经济环境的变化对我国对外直接投资的影响。具体而言，2018 年成了一个重要的转折点，绿地投资的数量达到了 899 笔，实现了 27% 的同比增长，这一数字不仅彰显了我国绿地投资的强劲动力，也标志着其达到了一个新的历史高度。然而，全球新冠疫情的暴发以及外资安全审查力度的不断加强，给我国绿地投资带来了前所未有的挑战。在双重压力的夹击下，2019～2022 年，绿地投资的数量出现了急剧下滑，降幅超过了 50%。值得注意的是，欧洲作为我国绿地投资的主要目标地之一，其投资数量持续占据总数的三成以上，稳居榜首。这一数据不仅体现了我国企业对欧洲市场的重视，也反映了我国企业在技术密集型地区进行绿地投资的强烈偏好。同时，中国对非洲、北美洲、大洋洲、南美洲等地区的绿地投资数量也呈现出不同程度的增长，体现了我国企业在绿地投资过程中对于多元化和区域均衡化发展的深度考量。值得一提的是，与跨国并购数量的区域分布趋势相类似，同样在全球新冠疫情的深远影响下，我国企业对各地区的绿地投资数量呈现迅速下滑趋势。其中，以亚洲的下降速度最为显著，2019 年和 2020 年的降幅分别达到了 51% 和 132.9%，凸显了疫情对全球投资活动的普遍冲击。但是，2022年中国绿地投资开始上升，绿地投资规模逐步攀升，达到 1.2 万亿美元，增长率较上年达到 64.7%，这是从 2008 年以后，中国呈现的第二高水平。其中发展中经济体绿地投资规模发展迅速，2022 年同比上涨 110%，投资项目同比增长率达到 37%，如表 2 - 4 所示。

表 2 - 4　　2021～2022 年中国 OFDI 按照经济体划分绿地投资情况

经济体	金额（亿美元）			数量（个）		
	2021 年	2022 年	2022 年增长率（%）	2021 年	2022 年	2022 年增长率（%）
发展中经济体	2740	5730	110	4976	6808	37
发达经济体	4650	6390	37	10342	10790	4

资料来源：2021 年和 2022 年的《中国对外直接投资统计公报》。

2.2.3　中国 IFDI 规模

改革开放以来，国家扎实推进稳外资工作，推动吸收外资实现规模扩大、结构优化、质量提升，为推动经济增长、产业升级发挥了积极作用。尤其是沿海地区的深圳、汕头、珠海以及厦门四大经济特区，不仅是改革开放的前沿阵地，更成为国际资本全方位流入的重要门户。这些经济特区通过实施一系列优惠政策，吸引了大量国际资本，推动了当地经济的快速发展。1990 年，中国利用外商直接投资的进程迎来了一个历史性的转折点。此前，我国已尝试吸引外资，但整体水平仍较低，无论是在投资规模还是技术含量上，都远未达到预期目标。然而，随着改革开放的深入和国家政策环境的不断优化，特别是 1992 年之后，我国吸收外商直接投资的步伐显著加快。在这一时期，国家政策的乐观预期和改革开放的持续深化，为外资的进入提供了良好的环境，使得我国吸收外商直接投资的数量实现了质的飞跃。

具体而言，1992 年和 1993 年，我国吸收外商直接投资的数量大幅增长，实际利用外商直接投资的环比增长幅度分别达到了 152.13% 和 149.95%。这一时期的迅猛发展，不仅为我国经济的快速增长注入了强劲动力，也标志着我国在国际投资领域中的地位逐渐提升。此后，我国继续加大对外开放的力度，不断完善投资环境，吸引了越来越多的外商直接投资。1996 年以来，我国每年利用外商直接投资的金额均超过 400 亿美元，并且这一趋势持续至今。同时，我国在外商直接投资签订利用外资协议项目方面也取得了显著进展（见表 2 - 5），外商直接投资利用外资金额也呈现出快速增长的态势，从 2000 年的 593.56 亿美元增长到 2022 年的 1891.32 亿美元。2023 年中国实际使用外商直接投资额 1633 亿美元，下降 13.7%，引资规模同比有所下降，主要是受到 2022 年同期的高基数影响。但在新设立外商投资企业数方面，显著增加。2023 年，全国新设立外商投资企业 53766 家，同比增长 39.7%。

表 2 - 5　　　　2000 ~ 2023 年我国外商直接投资的规模状况

年份	项目（个）	金额（亿美元）
2000	22347	593.56
2001	26140	496.72
2002	34171	550.11
2003	41081	561.4
2004	43664	640.72

年份	项目（个）	金额（亿美元）
2005	44001	638.05
2006	41473	670.76
2007	37871	783.39
2008	27514	952.53
2009	23435	918.04
2010	27406	1088.21
2011	27712	1176.98
2012	24925	1132.94
2013	22773	1187.21
2014	23778	1197.05
2015	26575	1262.67
2016	27900	1260.01
2017	35652	1310.35
2018	60533	1349.66
2019	40888	1381.35
2020	38570	1443.69
2021	47643	1734.83
2022	38497	1891.32
2023	53766	1633

资料来源：历年《中国对外直接投资统计公报》。

2.2.4　中国 OFDI 规模

中国自实施"走出去"战略以来，对外直接投资在规模、领域和产业分布等方面发生了显著变化。尤其是在我国经济发展第十二个五年计划纲要中，把"走出去"战略作为重要的方针政策以来，中国 OFDI 在全球的地位逐步攀升，呈现增长态势。2005 年，中国 OFDI 流量首次达到 100 亿美元以上（见表 2-6）。国家统计局数据显示，2002~2022 年，OFDI 的流量平均增速已经达到 30% 左右。2020 年新冠疫情暴发后，全球经济和投资环境受到一定的负面影响，但是中国在双向 FDI 的表现相对比较亮眼，我国 OFDI 流量呈现增长趋势，2020 年，OFDI 流量金额达到 1537.1 亿美元，首次在全球 OFDI 的排名中，跻身第一名，成为世界投资大国。2022 年在遭受新冠疫情持续影响的情况下，我国对外投资依然强势增长，达到 1631.2 亿美元。但是不可忽视的是，世界 OFDI 环境复杂多变，利益争执在全球范围内不断出现，国家间差距越来越大，收入分配不均现象明显。在此国际环境下，中国 OFDI 增长也同样受到阻力。如 2017 年，我国 OFDI 在改革开放以来首次发生负增长的现象，流量规模出现下降，同比下滑率达到 19.3%。随后，在 2018 年与 2019 年，OFDI 流量也出现了下降趋势，但总体依然保持全球 OFDI 流量前三名。从全球 OFDI 流量的排名来看，中国 2002 年在全球排名第 26 位；2012 年，全球排名进入前三，一直保持至今。可以看出，中国 OFDI 的发展非常迅速。为全球经济、融资发展注入不可忽视的重要力量。

表 2-6 　　　　　　　　　2002～2022 年中国对外直接投资流量额　　　　　　单位：万美元

年份	当年对外直接投资净额
2002	270000
2003	290000
2004	550000
2005	1226117
2006	1763397
2007	2650609
2008	5590717
2009	5652899
2010	6881131
2011	7465404
2012	8780353
2013	10784371
2014	12311986

续表

年份	当年对外直接投资净额
2015	14566715
2016	19614943
2017	15828830
2018	14303731
2019	13690756
2020	15371026
2021	17881932
2022	16312000

资料来源：历年《中国对外直接投资统计公报》。

中国对外直接投资存量同样发展迅速。从世界 OFDI 占比来看，2002 ~ 2022 年，中国 OFDI 存量比重从 0.4% 增长至 3.4%，说明中国 OFDI 在世界的影响力和地位不断提升。从存量的规模来看，从 2002 年的 299 亿美元到 2022 年的 27500 亿美元，21 年间增长速度非常可观，达到 91 倍。我国 OF-DI 存量在全球的排名从 2002 年的第 25 名跃升至前 3 名，并且从 2017 年至今，中国的 OFDI 存量一直保持全球前 3 的位置。然而，我们也必须清醒地认识到，我国对外直接投资相较于发达国家起步较晚，目前仍存在差距。以 2022 年为例，美国的 OFDI 存量已达到 8 万亿美元，占全球 OFDI 比重为 20%。相比之下，中国的 OFDI 存量仅为美国的 40%。表 2 - 7 展示了中国 2002 ~ 2022 年中国对外直接投资存量的情况。

表 2 - 7　　　　　**2002 ~ 2022 年中国对外直接投资存量额**　　　单位：万美元

年份	累计对外直接投资净额
2002	2990000
2003	3340000
2004	4480000
2005	5720562
2006	7502555
2007	11791050

年份	累计对外直接投资净额
2008	18397071
2009	24575538
2010	31721059
2011	42478067
2012	53194058
2013	66047840
2014	88264242
2015	109786459
2016	135739045
2017	180903652
2018	198226585
2019	219888069
2020	258065844
2021	278514971
2022	275000000

资料来源：历年《中国对外直接投资统计公报》。

2.3 中国 IFDI 与 OFDI 的来源地、区位选择和产业分布

2.3.1 IFDI 的来源地

中国香港地区是中国外商直接投资的主要来源地，其投资规模显著。例如，2013 年，内地实际利用港资金额便高达 690.32 亿美元。香港地区长期以来一直是中国内地外商直接投资的关键来源地，这一现象的形成归因于香港地区所具备的特殊政治地位和优越的地理位置等多重因素。自外商直接投资进入中国内地市场以来，香港地区始终占据着最大的地区来源地位。此外，亚洲地区的外商直接投资总额亦超越了欧美地区。2022 年，除

中国香港地区外，新加坡成为亚洲对华直接投资金额最高的国家，投资额达到 106 亿美元。紧随其后的是韩国和日本，其中韩国对华直接投资额为 66 亿美元，日本的直接投资额为 46.1 亿美元。由此可见，中国外商直接投资的来源地主要集中在亚洲，这主要是由于地理位置的邻近和国际贸易关系的紧密。除此以外，经济发达的欧美地区也是中国外商直接投资重要的 IFDI 来源地。中国作为全球经济发展的关键力量，其重要性日益凸显，2022 年，主要投资来源地对华投资规模保持稳定。对华投资前 15 位的经济体新设企业数合计为 25413 家，占当年中国新设外商投资企业总数的 66%；实际投资金额合计为 1838.1 亿美元，占当年中国实际使用外资总额的 97.2%，如表 2-8 所示。

表 2-8　　　　2022 年中国 IFDI 主要来源地前 15 位的经济体情况

经济体	新设企业		实际投资	
	数量（家）	比重（%）	金额（亿美元）	比重（%）
当年总数	38497	100	1891.3	100
中国香港	15814	41.1	1372.4	72.6
新加坡	1176	3.1	106.0	5.6
英属维尔京群岛	218	0.6	66.3	3.5
韩国	1593	4.1	66.0	3.5
日本	828	2.2	46.1	2.4
荷兰	103	0.3	44.9	2.4
德国	422	1.1	25.7	1.4
开曼群岛	157	0.4	24.2	1.3
美国	1583	4.1	22.1	1.2
英国	609	1.6	16.0	0.8
中国澳门	2313	6.0	12.4	0.7
马来西亚	309	0.8	11.3	0.6
阿联酋	37	0.1	9.6	0.5
法国	186	0.5	7.6	0.4
萨摩亚	65	0.2	7.5	0.4

资料来源：商务部。

在华新设企业和投资额方面，亚洲地区占比最大。据商务部统计，2022年，亚洲经济体在华新设企业数占比为 78.0%，实际投资金额占比为86.5%；非洲经济体在华新设企业数占比为 3.4%，实际投资金额占比为0.2%；欧洲经济体在华新设企业数占比为 7.2%，实际投资金额占比为6.3%；拉丁美洲经济体在华新设企业数占比为 1.6%，实际投资金额占比为 4.9%；北美洲经济体在华新设企业数占比为 6.1%，实际投资金额占比为 1.5%；大洋洲经济体在华新设企业数占比为 1.7%，实际投资金额占比为 0.6%，如图 2-2 和图 2-3 所示。

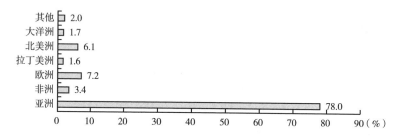

图 2-2　2022 年新设外商投资企业数主要来源地占比情况

资料来源：商务部。

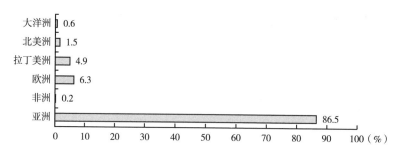

图 2-3　2022 年实际使用外资金额主要来源地占比情况

资料来源：商务部。

从主要投资来源地前 15 位经济体累计投资金额来看，截至 2022 年，对华投资前 15 位经济体累计设立外商投资企业 99.4 万家，占中国累计设立外商投资企业数的 88.3%；累计对华投资金额为 2.5 万亿美元，占中国累计实际使用外资金额的 89.8%。其中，中国香港地区累计实际投资金额达到 15703.1 亿美元，占据首位，亚洲经济体所占比重最大，如表 2-9 所示。

表 2-9　　　　　　**2022 年中国 IFDI 主要投资来源地累计投资**

金额前 15 位的经济体　　　　　　　　单位：亿美元

国家（地区）	累计实际投资金额
中国香港	15703.1
英属维尔京群岛	1867.0
新加坡	1314.4
日本	1257.9
韩国	968.3
美国	948.7
中国台湾	720.0
开曼群岛	517.8
德国	406.5
萨摩亚	323.6
荷兰	294.4
英国	291.7
中国澳门	228.9
法国	203.0
毛里求斯	164.3

资料来源：商务部。

以下将从来华投资主要经济体中欧盟投资、东盟投资及金砖国家投资的角度，通过分析以上经济体来华投资的主要行业，详细阐述 IFDI 来源地的具体状况。

首先，欧盟投资。2022 年，欧盟在华投资新设企业 1376 家，占我国新设外商投资企业数的 3.6%；实际投资金额为 100.3 亿美元，占我国实际使用外资金额的 5.3%。2022 年，欧盟对华投资金额前 5 位行业分别是制造业，科学研究和技术服务业，租赁和商务服务业，批发和零售业，信息传输、软件和信息技术服务业；这 5 个行业新设企业数占比为 90%，实际投资金额占比为95.3% （见表2-10）。

表2-10　　　　　　2022 年欧盟对华投资金额前5位的行业

行业	新设企业		实际投资	
	数量（家）	比重（%）	金额（亿美元）	比重（%）
总数	1376	100	100.3	100
制造业	171	12.4	71.3	71.1
科学研究和技术服务业	328	23.8	11.5	11.5
租赁和商务服务业	288	20.9	6.4	6.4
批发和零售业	345	25.1	4.1	4.1
信息传输、软件和信息技术服务业	107	7.8	2.2	2.2

资料来源：商务部。

　　其次，东盟投资。2022 年，东盟在华投资新设企业 1833 家，占我国新设外商投资企业数的 4.8%；实际投资金额为 119.1 亿美元，占我国实际使用外资金额的 6.3%。2022 年，东盟对华投资金额前 5 位行业分别是制造业，批发和零售业，租赁和商务服务业，交通运输、仓储和邮政业，房地产业；5 个行业新设企业数占比为 59.9%，实际投资金额占比为 80.2%（见表 2-11）。

表2-11　　　　　　2022 年东盟对华投资金额前5位的行业

行业	新设企业		实际投资	
	数量（家）	比重（%）	金额（亿美元）	比重（%）
总数	1833	100	119.1	100
制造业	135	7.4	45.5	38.2
批发和零售业	489	26.7	18.4	15.4
租赁和商务服务业	413	22.5	12.9	10.9
交通运输、仓储和邮政业	48	2.6	9.7	8.2
房地产业	13	0.7	8.9	7.5

资料来源：商务部。

最后，金砖国家投资。2022 年，金砖国家在华投资新设企业 752 家，占我国新设外商投资企业数的 2%；实际投资金额为 1.7 亿美元，占我国实际使用外资金额的 0.1%。2022 年，"金砖国家"对华投资金额前 5 位行业分别是金融业，制造业，批发和零售业，交通运输、仓储和邮政业，科学研究和技术服务业；5 个行业新设企业数占比为 70.6%，实际投资金额占比为 99.7%（见表 2 – 12）。

表 2 – 12 2022 年金砖国家对华投资金额前 5 位的行业

行业	新设企业		实际投资	
	数量（家）	比重（%）	金额（亿美元）	比重（%）
总数	752	100	1.7	100
金融业	0	0	1	60.1
制造业	22	2.9	0.4	26.2
批发和零售业	437	58.1	0.1	6.3
交通运输、仓储和邮政业	12	1.6	0.1	3.6
科学研究和技术服务业	60	8	0.1	3.5

资料来源：商务部。

2.3.2 OFDI 的来源地

从我国地方 OFDI 的结构特征来分析，各地区非金融类 OFDI 的规模逐渐增长。然而，区域分布存在明显的不均衡现象。中国的 OFDI 来源地区域分布主要可以划分为东部、中部和西部三个不同的区域。中国 OFDI 主要来源区域是东部地区，相比较而言，中西部地区较少。东部地区的 OFDI 规模远远超过了中西部地区 OFDI 规模的总和。尽管中部地区与西部地区在 OFDI 方面也呈现出平稳上升的趋势，但与东部地区相比，仍存在一定的差距。究其原因，主要有两个方面。首先，东部地区地理位置优越，靠近港口和国际贸易中心，相比较来看，开放程度更高，这为其 OFDI 提供了便利条件。其次，自改革开放以来，东部地区率先实施了一系列的对外开放利好政策，吸引了大量外资进入，推动了东部沿海地区 OFDI 的发展。这些政策的实施为东部地区创造了良好的投资环境，吸引了更多的国内外投资者，进一步推动了该地区 OFDI 规模的增长。具体来说，东部地区因经济繁荣、基础设施完备，对外开放程度较高。例如，北京作为中国的首都，不仅拥有丰富的文化资源，还具备先进的科技和金融产业，这些行业的企业在全球大多数国家进行投资；上海作为国际大都市，其浦东新区更是吸引了众多跨国公司的总部入驻，成为中国经济发展的引擎之一。相较于东部地区，中部地区的经济发展水平和对外开放程度略显逊色，因此在 OFDI 的规模和数量上也相对较少。

总体来看，近六成非金融类投资来自地方企业，如 2023 年，地方企业对外非金融类直接投资流量为 928.4 亿美元，增长 7.9%。分地区看，东部地区为 760.5 亿美元，占地方投资流量的 81.9%，增长 14.3%；中部地区为 95.9 亿美元，占地方投资流量的 10.3%，增长 2.2%；西部地区为 65.6 亿美元，占地方投资流量的 7.1%，下降 29.8%（见表 2 – 13）。分省份看，浙江、广东、上海、江苏、山东、海南、北京、福建、河南、河北位列地方企业对外直接投资流量前 10 位，合计 771.3 亿美元，占地方企业对外直接投资流量的 83%（见表 2 – 14）。深圳市对外直接投资流量为 66.5 亿美元，列计划单列市之首，占广东省的 44.9%。

表 2 – 13　　　　2023 年地方企业对外直接投资流量按区域分布情况

地区	流量（亿美元）	同比（%）	比重（%）
东部地区	760.5	14.3	81.9
中部地区	95.9	2.2	10.3
西部地区	65.6	− 29.8	7.1
东北三省	6.4	− 16.9	0.7
合计	928.4	7.9	100

注：根据商务部统计，地区外商直接投资流量的区域分布上，辽宁、黑龙江和吉林单独作为东北三省列出。

资料来源：商务部。

表 2 - 14　　　2023 年地方企业对外直接投资流量在全国排名前 10 的省份

序号	省份	流量（亿美元）	占地方比重（%）
1	浙江	156.4	16.9
2	广东	148.0	15.9
3	上海	98.7	10.6
4	江苏	89.2	9.6
5	山东	69.5	7.5
6	海南	59.5	6.4
7	北京	55.1	5.9
8	福建	42.1	4.5
9	河南	27.6	3.0
10	河北	25.2	2.7
合计		771.3	83.0

资料来源：商务部。

2.3.3　IFDI 的区位选择

在对华直接投资的区位选择方面，投资者的偏好显著倾向于我国东部地区，这源于东部地区在多方面的显著优势。首先，就教育资源而言，东部地区拥有更为丰富的高等教育资源和优质的职业培训体系，为外商投资企业提供了充足的高素质人才储备。其次，在劳动力成本方面，虽然近年来有所上升，但相较于中西部地区，东部地区仍保持着相对合理的成本结构，这对于追求成本效益的投资者而言，无疑是一个重要考量因素。最后，东部地区的人均收入水平普遍较高，这反映了该地区居民较强的购买力和消费潜力，为外商投资企业的产品和服务提供了广阔的市场。同时，政府在政策和制度层面对外商投资给予了大力支持和优惠，包括税收优惠、土地供应、融资便利等，为投资者创造了良好的营商环境。特别是自改革开放以来，我国东部地区的一些重点城市被赋予了经济特区的特殊地位，这些地区在对外开放、经济体制改革等方面先行先试，为外商直接投资提供了更加开放、灵活的政策环境。从商务部的统计数据来看，2022 年，东部地区在外商直接投资中的占比高达 86.9%，这一数字直观地反映了投资者对该地区的青睐。相比之下，中西部地区的外商直接投资占比相对较低（见表 2 – 15），尽管中部地区近年来呈现出上升趋势，但整体上"东高西低"的格局并未发生根本性变化。

表 2 – 15 　　　　　　　2022 年中国东中西部地区吸收外资情况

地区	新设企业数（家）	实际使用外资金额（亿美元）
东部地区	33341	1643. 9
中部地区	2695	137. 8
西部地区	2461	109. 6

资料来源：商务部。

下面将分析东部地区、中部地区与西部地区每一个省份具体的外商直接投资额。1986 年，由六届全国人大四次会议通过"七五"计划公布的东中西部省份划分标准；1997 年，重庆市被设立为直辖市并划入西部地区；2000 年国家决定将内蒙古自治区和广西壮族自治区，纳入西部大开发优惠政策范围，归为西部地区。由此，本书所指东部地区包括北京、天津、河北、辽宁、上海、江苏、浙江、福建、山东、广东和海南等 11 个省（市）；中部地区包括山西、吉林、黑龙江、安徽、江西、河南、湖北和湖南等 8 个省份，西部地区包括四川、重庆、贵州、云南、西藏、陕西、甘肃、青海、宁夏、新疆、广西和内蒙古等 12 个省份。从总体趋势来看，东部地区具有显著优势，实际利用外资金额最多，其次是中部地区，西部地区利用外资金额最少。具体来说，从东部地区实际利用外资来看，北京作为我国的首都，上海作为我国的经济中心，利用外资数额都较大，其他经济较发达省份利用外资金额也具有明显优势，如广东、江苏、浙江等（见表 2 – 16）。

表 2 – 16 东部地区实际利用外商直接投资额 单位：万美元

省份	2015 年	2016 年	2017 年	2018 年	2019 年	2020 年	2021 年	2022 年
北京	1299635	1302858	2432909	1731089	1421299	1410441	1443424	1740768
天津	2113444	1010045	1060784	485104	473161	473536	538886	595009
河北	617750	735388	848951	908110	984795	1085000	1128850	165526
辽宁	518516	299902	533508	489571	332292	251511	319697	616000
上海	1845900	1851400	1700800	1730000	1904800	2023300	2255100	2395600
江苏	2427469	2454296	2513541	2559248	2612425	2838000	2885312	3050000
浙江	1696024	1757748	1790210	1863874	1355920	1578475	1833870	1929978
福建	768339	819465	857672	445477	460953	502347	490543	499364
山东	1630090	1682556	1785731	2051636	1468933	1764763	2151578	2287422
广东	2687546	2334921	2290668	14508782	15219975	16202914	18400192	18190177
海南	246567	221561	230598	81876	152021	303324	351927	370716

资料来源：商务部。

总体来看，中部地区实际利用外商直接投资额与东部地区有一定差距。但从发展趋势来看，2015～2022 年中部地区省份总体呈现增长态势，因为新冠疫情与全球经济形势的影响，某些省份在 2021 年、2022 年的利用外资额有所下滑，如表 2 – 17 所示。

表 2 – 17 中部地区实际利用外商直接投资额 单位：万美元

省份	2015 年	2016 年	2017 年	2018 年	2019 年	2020 年	2021 年	2022 年
山西	286985	233242	169049	236171	135904	169058	170141	82638
吉林	212700	227400	218000	235440	52517	56600	68000	44900
黑龙江	554509	589647	585717	594792	54324	54000	39000	23000
安徽	1361945	1476712	1589652	1700160	1793674	1830542	1929728	215507
江西	947321	1044056	1146373	1257166	1357905	1460000	1578000	217000
河南	1608637	1699312	1722428	1790214	1872727	2006476	2107300	177900
湖北	894801	1012889	1099392	1194095	1290746	1035189	1245568	264544
湖南	1156441	1285209	1447489	1619134	1810127	2099782	241490	352761

资料来源：商务部。

西部地区实际利用外商直接投资额与东部和中部地区比较，存在一定差距，但总体呈现上升态势。如云南、陕西、甘肃等。但有些省份，受新冠疫情和世界经济形势的影响，在 2021 年呈现明显下滑趋势，如青海、贵州（见表 2 - 18）。

表 2 - 18　　　　　　西部地区实际利用外商直接投资额　　　　　　单位：万美元

省份	2015 年	2016 年	2017 年	2018 年	2019 年	2020 年	2021 年	2022 年
四川	999607	797687	810135	896375	923000	1006000	1154038	353000
贵州	32565	83065	45015	60845	67887	43907	23778	53141
云南	299200	86700	96300	105600	72300	75900	88800	70100
陕西	462118	501178	589437	684794	772947	844315	1024615	146440
甘肃	11036	11588	4356	5041	8205	8875	10852	12481
青海	5500	1495	1833	446	6772	2552	321	1216
宁夏	18639	25363	31140	21443	25123	27200	29300	34300
新疆	45250	40076	19613	20526	33100	21600	23700	45900
西藏	6997	6399	10066	5718	2541	2879	3624	2500
重庆	377183	279037	226042	325030	236529	210100	223600	185700
内蒙古	336629	396672	314951	315869	206105	182240	31587	53899
广西	172208	88845	82272	50590	110946	131742	165205	137154

资料来源：商务部。

2.3.4　OFDI 的区位选择

1. 从投资流量看

根据我国历年 OFDI 流量的国家分布情况分析，我国 OFDI 主要集中在拉丁美洲和亚洲地区，其中，我国流向亚洲地区的 OFDI 流量规模始终占据首位。分析其原因，首先，和我国毗邻的亚洲地区肯定具有优越的地理位置，从流量规模和比重来看，中国内地流向香港地区的比重居首位。2023 年，内地对香港地区的直接投资达到 1087.7 亿美元，占中国总 OFDI 的比重为 61.4%；其次是对新加坡的直接投资，达到 131 亿美元，占中国总 OF-

DI 的比重为 7.4%。2023 年中国对外直接投资流量前 20 位的经济体多数在亚洲地区（见表 2-19）。不可忽视的是，随着"一带一路"倡议的深入推进，中国与共建"一带一路"国家在 OFDI 领域的交流与合作越来越密切。虽然中国与拉丁美洲从地理位置来看，相隔距离比较远，但值得一提的是，流向拉丁美洲地区的 OFDI 流量规模及比重都呈现波动式增长，长期位居第 2。分析其原因，是因为两大"避税天堂"，即英属维尔京群岛与开曼群岛，均位于拉丁美洲地区，我国对其投资更加便利。

表 2-19　　　2023 年中国对外直接投资流量前 20 位的经济体

序号	经济体	流量（亿美元）	占总额比重（%）
1	中国香港	1087.7	61.4
2	新加坡	131.0	7.4
3	开曼群岛	87.3	4.9
4	美国	69.1	3.9
5	印度尼西亚	31.3	1.8
6	越南	25.9	1.5
7	英属维尔京群岛	25.5	1.4
8	卢森堡	23.3	1.3
9	泰国	20.2	1.1
10	阿联酋	17.8	1.0
11	英国	16.7	0.9
12	哈萨克斯坦	16.2	0.9
13	马来西亚	14.3	0.8
14	柬埔寨	13.8	0.8
15	老挝	11.6	0.7
16	墨西哥	10.8	0.6
17	荷兰	9.0	0.5
18	中国澳门	7.6	0.4
19	瑞典	7.4	0.4
20	韩国	6.6	0.4
	合计	1633.1	92.1

资料来源：商务部。

具体来看，2023 年，中国对亚洲和非洲投资快速增长，对大洋洲和拉丁美洲投资降幅较大。流向亚洲的投资 1416.0 亿美元，比上年增长 13.9%，占当年对外直接投资流量的 79.9%，较上年提升 3.7 个百分点。其中对中国香港地区的投资为 1087.7 亿美元，增长 11.5%，占对亚洲投资的 76.8%；对东盟 10 国的投资为 251.2 亿美元，增长 34.7%，占对亚洲投资的 17.7%。流向拉丁美洲的投资 134.8 亿美元，比上年下降 17.6%，占当年对外直接投资流量的 7.6%；投资主要流向开曼群岛、英属维尔京群岛、墨西哥、巴西、智利、哥伦比亚、厄瓜多尔、玻利维亚等国家（地区）。流向欧洲的投资为 99.7 亿美元，比上年下降 3.6%，占当年对外直接投资流量的 5.6%；投资主要流向卢森堡、英国、荷兰、瑞典、德国、俄罗斯、塞尔维亚、匈牙利、瑞士、爱尔兰、意大利、捷克、格鲁吉亚等国家。流向北美洲的投资为 77.8 亿美元，比上年增长 7%，占当年对外直接投资流量的 4.4%。其中对美国投资 69.1 亿美元，下降 5.2%；对加拿大投资 3.5 亿美元，增长 141%。流向非洲的投资为 39.6 亿美元，比上年增长 118.8%，占当年对外直接投资流量的 2.2%；投资主要流向尼日尔、南非、安哥拉、摩洛哥、刚果（布）、阿尔及利亚、埃及、肯尼亚、津巴布韦、尼日利亚、毛里求斯、刚果（金）、厄立特里亚、赞比亚等国家。流向大洋洲的投资为 5.1 亿美元，比上年下降 83.4%，占当年对外直接投资流量的 0.3%；投资主要流向澳大利亚、新西兰、所罗门群岛等国家。具体见表 2 - 20。

表 2 - 20　　　　　2023 年中国对外直接投资流量地区构成情况

洲别	金额（亿美元）	同比（%）	比重（%）
亚洲	1416.0	13.9	79.9
拉丁美洲	134.8	-17.6	7.6
欧洲	99.7	-3.6	5.6
北美洲	77.8	7.0	4.4
非洲	39.6	118.8	2.2

续表

洲别	金额（亿美元）	同比（%）	比重（%）
大洋洲	5.1	-83.4	0.3
合计	1772.9	8.7	100

注：部分数据因四舍五入的原因，存在总计与分项合计不等的情况。
资料来源：商务部。

2. 从投资存量看

从中国对外直接投资存量在全球的位置和比重来看，2023 年末，中国对外直接投资存量 29554 亿美元，较上年末增加 2005.9 亿美元，是 2002 年末存量的 98.8 倍，占全球对外直接投资存量的份额由 2002 年的 0.4% 提升至 2023 年的 6.7%，排名由第 25 位攀升至第 3 位，仅次于美国（9.4 万亿美元）、荷兰（3.4 万亿美元），如表 2-21 所示。从存量规模上看，中国与美国差距仍然较大，仅相当于美国的 31.4%。

表 2-21　　2023 年末全球对外直接投资存量上万亿美元的经济体

位次	经济体	存量（亿美元）	占全球比重（%）
1	美国	94339	21.3
2	荷兰	33863	7.6
3	中国	29554	6.7
4	加拿大	27469	6.2
5	德国	21792	4.9
6	日本	21326	4.8
7	英国	21242	4.8
8	中国香港	20285	4.6
9	新加坡	17923	4.0
10	卢森堡	16791	3.8
11	法国	16357	3.7
12	瑞士	14729	3.3
13	爱尔兰	13364	3.0
合计		349034	78.7

从我国向各经济体投资的构成来看，2011～2022 年，我国 OFDI 的存量近九成流向了发展中国家和新兴经济体。这一趋势在整体上变化幅度比较小，显示出我国 OFDI 的稳定性和持续性。然而，对发达国家的 OFDI 存量规模则呈现出一定的波动性。具体来看，2009 年，我国对发达国家的直接投资存量规模仅占总存量的 7.4%，但这一比例在 2019 年上升至 11.4%。然而，到了 2020 年，受全球新冠疫情的影响，这一存量规模下降至 2539 亿美元，占总存量的 9.8%。2022 年这一比重开始上涨，升至 10.8%。

具体来说，2023 年末，中国对外直接投资存量分布在全球的 189 个国家（地区），占全球国家（地区）总数的 80.8%。2023 年末，中国在亚洲的投资存量为 20148.4 亿美元，占中国对外直接投资存量的 68.2%，主要分布在中国香港地区、新加坡、印度尼西亚等地；中国香港地区占亚洲存量的 87%。拉丁美洲为 6008 亿美元，占总存量的 20.3%，主要分布在英属维尔京群岛、开曼群岛、巴西、墨西哥、秘鲁、智利、巴哈马、牙买加、巴拿马、阿根廷等国家（地区），其中英属维尔京和开曼群岛合计 5808 亿美元，占对拉美地区投资存量的 96.7%。欧洲为 1476.8 亿美元，占总存量的 5.0%，主要分布在荷兰、英国、德国、瑞典、卢森堡、俄罗斯联邦、法国、瑞士、意大利、西班牙、爱尔兰、塞尔维亚、匈牙利等国家（地区）；其中，在中东欧 17 国的投资存量为 53.6 亿美元，占对欧投资的 3.6%。北美洲为 1101.1 亿美元，占总存量的 3.7%，主要分布在美国、加拿大。非洲为 421.1 亿美元，占总存量的 1.4%，主要分布在南非、刚果（金）、尼日利亚、埃塞俄比亚、安哥拉、尼日尔、毛里求斯、肯尼亚、阿尔及利亚、赞比亚、坦桑尼亚、莫桑比克、埃及、津巴布韦等国家（地区）。大洋洲为 398.5 亿美元，占总存量的 1.4%，主要分布在澳大利亚、新西兰、巴布亚新几内亚、萨摩亚、马绍尔群岛、斐济等国家（地区）。如表 2－22 所示。

表 2 - 22　　　　　2023 年中国对外直接投资存量地区分布情况　　　　单位:%

地区	占总存量的比重
亚洲	68.20
拉丁美洲	20.30
欧洲	5.00
北美洲	3.70
大洋洲	1.40
非洲	1.40

资料来源：商务部。

中国对外直接投资存量的近九成分布在发展中经济体。2023 年末，中国在发展中经济体的投资存量为 26456.9 亿美元，占对外投资总存量的 89.5%；在发达经济体的直接投资存量为 3097.1 亿美元。其中，在欧盟有 1024.2 亿美元，占在发达经济体投资存量的 33.1%；在美国有 836.9 亿美元，占在发达经济体的直接投资存量的 27%；在澳大利亚有 347.7 亿美元，占在发达经济体的直接投资存量的 11.2%；在英国有 292.6 亿美元，占在发达经济体的直接投资存量的 9.4%（见表 2 - 23）。

表 2 - 23　　　　　2023 年末中国在发达经济体直接投资存量情况

经济体	存量（亿美元）	比重（%）
欧盟	1024.2	33.1
美国	836.9	27.0
澳大利亚	347.7	11.2
英国	292.6	9.4
百慕大群岛	158.2	5.1
加拿大	106.0	3.4
韩国	69.9	2.3
日本	57.7	1.9
以色列	27.9	0.9
新西兰	26.0	0.9
瑞士	21.1	0.7
其他国家（地区）	22.2	0.7

资料来源：商务部。

2023 年末，中国对外直接投资存量前 20 位的经济体合计达 27799.1 亿美元，占中国对外直接投资存量的 94%。前 20 位经济体分别是中国香港、英属维尔京群岛、开曼群岛、新加坡、美国、澳大利亚、荷兰、英国、印度尼西亚、卢森堡、德国、百慕大群岛、中国澳门、越南、马来西亚、瑞典、泰国、俄罗斯、加拿大、老挝（见表 2 - 24）。

表 2 - 24　　　　2023 年末中国对外直接投资存量前 20 位的经济体

序号	经济体	存量（亿美元）	比重（%）
1	中国香港	17525.0	59.3
2	英属维尔京群岛	3588.9	12.1
3	开曼群岛	2219.1	7.5
4	新加坡	864.5	2.9
5	美国	836.9	2.8
6	澳大利亚	347.7	1.2
7	荷兰	318.9	1.1
8	英国	292.6	1.0
9	印度尼西亚	263.5	0.9
10	卢森堡	228.7	0.8
11	德国	170.6	0.6
12	百慕大群岛	158.2	0.5
13	中国澳门	139.5	0.5
14	越南	135.9	0.5
15	马来西亚	134.8	0.5
16	瑞典	134.6	0.5
17	泰国	126.7	0.4
18	俄罗斯	106.7	0.3
19	加拿大	106.0	0.3
20	老挝	100.1	0.3
	合计	27798.9	94.0

资料来源：商务部。

2.3.5　中国 IFDI 产业分布

外商直接投资在三大产业间的分布呈现出显著的不均衡性。根据表 2 - 25 的数据分析，2022 年，第三产业在外商直接投资的企业构成中占据了绝对的主导地位，其占比高达 87.1%，这一数据清晰地揭示了第三产业在吸引外资方面的强劲势头。紧随其后的是第二产业，其占比为 12%，尽管如此，与第三产业相比，其影响力仍显不足。至于第一产业，即农业领域，其外商直接投资的比重仅为 0.9%，这反映了外资在该领域的投入相对有限。

表 2 - 25　　　　　　　　　2022 年三次产业吸收外资的情况

行业名称	新设企业		实际使用外资	
	数量（家）	比重（%）	金额（亿美元）	比重（%）
第一产业	362	0.9	4.7	0.2
第二产业	4608	12.0	570.7	30.2
第三产业	333527	87.1	1315.9	69.6

资料来源：商务部。

进一步分析实际使用外资金额的分布情况发现，第一产业在这一维度上的表现同样不尽如人意，其占比仅为 0.2%，再次证实了外资对农业领域投资兴趣的低迷。与此形成鲜明对比的是，第三产业在实际使用外资金额上的占比高达 69.6%，充分展示了其在吸引外资方面的巨大吸引力。而第二产业，尽管在总量上占据了一定份额，实际使用外资金额为 507.7 亿美元，但其 30.2% 的占比仍表明其在外资引进上的竞争力不及第三产业。上述数据不仅揭示了外商直接投资在中国三大产业间的分布差异，还为我们描绘了一个清晰的趋势：随着第三产业的蓬勃发展，其吸收外商直接投资的数额也在迅速增加。自 2012 年以来，这一趋势更为明显，第三产业已经成功超越第二产业，成为中国吸引外资最多的产业领域。进入 2022 年，这一格局依然稳固，第三产业继续以最高的占比引领着外资引进的势头。

外商直接投资在华的流向明显呈现出行业聚焦的特点,尤其是制造业领域,其实际投资额的占比始终稳定在 20% 以上的高水平(见表 2-26)。具体来说,在 2022 年度,制造业成功吸引了高达 4967046 万美元的外商直接投资,这一数字不仅彰显了制造业的强劲吸引力,也反映了其在中国经济中的重要地位。与此同时,中国 2022 年实际利用的外商直接投资总额达到了 18913241 万美元,其中制造业所占比重高达 26.3%,进一步印证了制造业作为外商直接投资热门领域的现状。

表 2-26 　　　　2018～2022 年分行业外商直接投资实际使用金额　　　　单位:万美元

行业名称	2018 年	2019 年	2020 年	2021 年	2022 年
行业合计	13496589	13813462	14436926	17348331	18913241
农、林、牧、渔业	80131	56183	57567	82626	124194
采矿业	122841	219044	66394	258055	154356
制造业	4117421	3537022	3099695	3373061	4967046
电力、热力、燃气及水生产和供应业	442390	352398	311375	379993	415476
建筑业	148809	121551	181887	227356	178593
批发和零售业	976689	904982	1184445	1671581	1455746
交通运输、仓储和邮政业	472737	453316	499859	532511	531723
住宿和餐饮业	90107	97180	82415	125560	51574
信息传输、软件和信息技术服务业	1166127	1468232	1643102	2010004	2386850
金融业	870366	713206	648240	454230	685142
房地产业	2246740	2347188	2033057	2360811	1415183
租赁和商务服务业	1887459	2207283	2656159	3308620	3306489
科学研究和技术服务业	681298	1116831	1793997	2275455	3018159
水利、环境和公共设施管理业	47408	52242	56758	132379	70923
居民服务、修理和其他服务业	56166	54218	30766	47110	28800
教育	7420	22248	28061	1328	11660
卫生和社会工作	30178	27186	23547	36526	57289
文化、体育和娱乐业	52290	62986	39602	39711	45011
公共管理、社会保障和社会组织	12	166		31414	9027

资料来源:商务部。

此外，值得注意的是，房地产行业在外商直接投资中也占据了一席之地，其实际利用外商直接投资的金额为 1415183 万美元，所占比重为7.5%。这一数据表明，尽管制造业是外商直接投资的主要流向，但其他行业如房地产业也凭借其独特的优势和潜力吸引了外资的关注。从更深层次来看，外商直接投资在中国各行业的分布格局与各行业的发展水平、市场前景以及政府政策导向紧密相连。中国政府一直以来都高度重视制造业的发展，通过一系列政策措施和优惠条件，为制造业吸引了大量外商直接投资。这不仅促进了制造业的技术升级和产业升级，也推动了中国经济的持续健康发展。

2.3.6 中国 OFDI 产业分布

我国 OFDI 在产业分布上展现出高度的集中特性，同时涉足的行业范围广泛，几乎覆盖了国民经济的所有关键领域。总体来看，商务服务业、批发零售业、金融业、采矿业、信息技术服务业（包括信息传输、软件和信息技术服务）以及制造业等，共同构成了我国 OFDI 的核心架构，这些领域的投资流向占据了我国 OFDI 总存量的绝大多数，超过 80%。

具体而言，租赁与商务服务业吸引了约 30% 的 OFDI 资金，长期稳居投资领域的榜首。值得注意的是，随着国内供给侧结构性改革的深入实施，我国 OFDI 的行业重心发生了显著变化，由过去的注重投资数量转变为更加注重投资质量。这一转变在采矿业中尤为明显，其 OFDI 从 2014 年的1654939 万美元显著下降至 2022 年的 1510082 万美元。与此同时，随着信息技术的飞速进步，信息传输、软件和信息技术服务业的 OFDI 占比逐渐攀升。2014~2022 年，该行业的 OFDI 占比从 4.6% 大幅增长至 12.6%，成为我国 OFDI 的一个新兴且集中的领域（见表 2-27）。

表 2-27 2014~2022 年中国各行业对外直接投资额

单位：万美元

行业分类	2014 年	2015 年	2016 年	2017 年	2018 年	2019 年	2020 年	2021 年	2022 年
农、林、牧、渔业	203543	257208	328715	250769	256258	243920	107864	93075	51171
采矿业	1654939	1125261	193020	-370152	462794	512823	613126	841498	1510082
制造业	958360	1998629	2904872	2950737	1910768	2024181	2583821	2686673	2715370
电力、热力、燃气及水的生产和供应业	176463	213507	353599	234401	470246	386872	577031	438908	544673
建筑业	339600	373501	439248	652772	361848	377984	809455	461908	144150
批发和零售业	1829071	1921785	2089417	2631102	1223791	1947108	2299764	2815201	2116908
交通运输、仓储和邮政业	417472	272682	167881	546792	516057	387962	623320	222621	1503813
住宿和餐饮业	24474	72319	162549	-18509	135396	60398	11841	26933	1398
信息传输、软件和信息技术服务业	316965	682037	1866022	443024	563187	547794	918718	513591	169329
金融业	1591782	2424553	1491809	1878544	2171720	1994929	1966318	2679879	2212554
房地产业	660457	778656	1524674	679506	306600	341839	518603	409785	220654
租赁和商务服务业	3683060	3625788	6578157	5427321	5077813	4187508	3872562	4935732	4347973
科学研究和技术服务业	166879	334540	423806	239065	380199	343163	373465	507213	481719
水利、环境和公共设施管理业	84705	21892	17863	26988	15671	55139	136773	22494	18270
居民服务、修理和其他服务业	165175	159948	542429	186526	222822	167338	216078	180948	67915
教育	1355	6229	28452	13372	57302	64880	13004	2825	24093
卫生和社会工作	15338	8387	48719	35267	52480	22717	63767	33877	28626
文化、体育和娱乐业	51915	174751	386869	26401	116586	52352	-213383	8773	153403
公共管理、社会保障和社会组织		160							
合计	12311986	14566715	19614943	15828830	14303731	13690756	15371026	17881932	16312100

资料来源：历年《中国对外直接投资统计公报》。

2.4　中国利用 IFDI 与 OFDI 存在的问题

2.4.1　中国利用 IFDI 存在的问题

外商直接投资在中国的发展，不仅深刻地改变了中国的产业结构、地域分布格局以及科技创新能力，还为中国经济注入了强大的活力。然而，在肯定其积极贡献的同时，我们也不能忽视其带来的诸多消极影响。这些影响不仅复杂多样，而且在一定程度上制约了中国经济的持续健康发展。

首先，外商直接投资的结构不均衡问题日益凸显。投资过于集中于某些固定区域，如东部沿海地区，导致产业结构与区域结构的发展出现了明显的不平衡。尽管外商直接投资的来源地看似广泛，但实际上，主要集中在少数几个区域，如中国香港地区对内地的直接投资长期占据主导地位，某些国家对中国投资额相对较小。这种过度集中的投资模式不仅加剧了区域间的经济差距，还可能引发金融和贸易风险。在区域分布上，外商直接投资呈现出"东高西低"的态势，进一步拉大了东西部地区在资本积累、技术水平和对外贸易方面的差距。此外，在行业分布上，外商直接投资也呈现出不均衡的特点。制造业领域是外商直接投资的热点，而农业则相对冷门，这种差异不仅加剧了行业间的差距，还可能导致工业结构的生产效率下降。

其次，部分地方政府在吸引外商直接投资的过程中，付出了过高的代价或成本。他们往往不顾地方财政的实际状况，盲目追求外资的引入，对外商直接投资企业给予各种"超国民待遇"，如土地、税收和房租等方面的优惠政策。这种做法虽然短期内可能吸引了外资的流入，但长期来看却损害了国内内资企业的利益，使它们在与外资企业的竞争中处于劣势地位。同时，政府的过度干预和职能越位也会限制市场经济的自由发展，降低国家和企业的经济效益。

最后，外商直接投资还导致了国有资产的流失问题。由于政府在招标、出售国有资产时缺乏统一、固定的标准和完善的机制来遵循，一些地方政府往往只关注短期利益而忽视长远利益，将经济效益高、发展势头好的内资企业出售给外商企业。这种做法不仅导致了国有资产的变相损失，还将国内良好的市场前景和利益空间拱手让给了国外企业。这不仅不利于中国经济的长期发展，还可能对国家安全造成潜在威胁。

2.4.2　中国利用 OFDI 存在的问题

中国在利用 OFDI 过程中存在的问题主要包括：投资结构不合理；企业缺乏竞争力，处在价值链低端；投资目标不明确，并购成功率低；文化和信息差异，导致错误决策；等等。

1. 投资结构不合理

（1）投资区域结构方面，投资区域相对集中。2022 年中国对亚洲的直接投资占对外直接投资额的 76.2%，对拉丁美洲的直接投资占对外直接投资额的 10%，对发达国家的投资相对较小，对外直接投资区域过度集中会造成企业过度集中，各企业间竞争加剧，重复投资，资源利用率下降；不利于中国企业在全世界生产布局、合理分配价值链的各个环节。

（2）在对外投资产业结构方面，中国企业投资偏重于原材料和能源等低附加值、低科技含量、低利润率的劳动密集型产业；缺少对信息技术和技术服务等技术密集型、高新技术产业、高层次服务业的投资，结构失衡较为严重。

2. 企业缺乏竞争力，处在价值链低端

由于人工成本和贸易壁垒等因素，中国制造成本优势逐步丧失。波士顿咨询公司报告显示，以美国为基准（100），中国的制造成本指数是 96，即同样一件产品，在美国制造成本是 1 美元，在中国则需要 0.96 美元，差距非常小。这意味着我国企业"走出去"需要转型升级，提质增效。

3. 投资目标不明确，并购成功率低

尽管我国企业境外并购规模和数量都在扩大，但成功率不高。很多企业盲目对外投资。一些企业缺乏境外并购专业知识，前期信息准备和尽职调查不足，对投资目的地文化和法律制度不够了解；并购后不能对各项资源进行有效整合，不善于合理利用并购双方的核心竞争优势；随着并购企业规模的扩大，管理难度也逐渐增加，由于国际经营管理经验不足，造成资源的分散，降低资源的使用效率。

4. 文化和信息差异，导致错误决策

企业"走出去"主要制约因素之一是有效信息匮乏。如对东道国投资政策、投资环境、行业发展水平等核心信息的获取缺乏合适的渠道，缺乏专业人才和专业技能对信息进行有深度、有针对性的分析。对外直接投资要求跨国经营人才精通一门外语，掌握国际贸易相关学科知识、各国法律条款，以及他国风土人情，能应对复杂多变的国际形势。但是很多中国企业缺乏高素质的跨国经营人才，盲目对外直接投资，造成企业在境外经营时作出错误的决策，企业大量亏损。

第3章 中国全要素生产率的影响因素分析

判断一个国家经济增长的状况，不仅要看增长速度，更要看增长质量。全要素生产率与资本、劳动等要素投入都贡献于经济增长。全要素生产率不仅是衡量生产要素的质量、生产要素配置效率的指标，也是衡量经济增长质量的核心指标，因此，它是探求经济增长源泉的主要工具，又是判断经济增长质量的重要方法。世界银行、OECD等国际机构在研究经济时，通常把全要素生产率的变动作为考察经济增长质量的重要内容。相比发达经济体，中国的全要素生产率增速仍有较大提升空间，因此探讨中国全要素生产率的影响因素具有重要意义。经分析，影响中国全要素生产率的因素主要包括经济发展水平、双向FDI、人力资本水平、金融发展水平、对外开放水平、产业结构与政府干预程度。详细分析如下。

3.1 经济发展水平

经济发展水平对全要素生产率有显著影响。经济发展水平主要通过以下几个关键因素影响全要素生产率：（1）政府作用。政府利用经济干预的手段对市场产生影响，如增加消费支出可以刺激市场活力，推动经济发展。政府还可以作为监督者，对不顾环境只求经济增长的行为进行抑制，推动可持续发展。政府作用对发展中国家有促进作用，对发达国家则可能有抑制作用，因为发展中国家需要政府投入资金调节市场，而发达国家崇尚自由，政府对经济的作用不明显。（2）产业结构。产业结构包括第一产业、第二产业和第三产业。不同产业对经济增长的贡献不同，优化产业结构，着重提升第三产业占 GDP 的比重，对提高全要素生产率有明显的促进作用。（3）城市规模。扩大城市规模对制造业全要素生产率的提高有显著的正向影响。因为，随着城市的发展，其基础设施、技术创新、人才聚集等因素都有利于提高全要素生产率。（4）创新驱动。发展新质生产力，即充分发挥创新的主导作用，是提高全要素生产率的关键。这包括摆脱传统全要素生产率，加快实现经济的高质量发展。综上所述，经济发展水平通过政府作用、产业结构调整、城市规模扩张和创新驱动等因素对全要素生产率产生显著影响。这些因素相互作用，共同推动经济由要素驱动型转变为创新驱动型，从而提高全要素生产率，实现经济的高质量发展。

在探讨经济发展问题时，不能仅仅将目光局限于经济总量的数值增长，而应该更加深入地关注经济质量的变化趋势，审视其是否从增长走向下降。经济总量规模的扩大，可以为技术创新等活动提供必要的物质基础，从而充分发挥技术进步的纽带作用，推动全要素生产率的提升。然而，如果经济规模的持续拓展过度依赖于简单要素的粗放式投入，不仅可能导致资源耗竭问题的出现，更会在这种效率低下的经济增长模式下，大大阻碍全要素生产率的有效增长。此外，经济效率作为经济发展的关键要素之一，主要体现在全要素生产率上。本书选取人均 GDP 作为量化标准，以此来评估并分析经济发展的整体水平及其动态变化，表 3－1 列示了我国 2012～2022 年的人均 GDP。通过人均 GDP 这一指标，可以更直观地了解一个国家或地区的经济发展水平，从而更全面地评估其经济发展的质量和可持续性。人均 GDP 的增长不仅反映了经济总量的增加，更重要的是，它能够揭示经济结构的优化和经济效率的提升。因此，在分析经济发展问题时，不仅要关注经济总量的增长，更要深入研究经济质量的变化趋势，以及全要素生产率的提升情况，从而为制定更加科学合理的经济发展策略提供有力支持。

表 3-1   2012~2022 年中国人均 GDP   单位：万元/人

年份	人均 GDP
2012	3.98
2013	4.35
2014	4.69
2015	4.99
2016	5.38
2017	5.96
2018	6.55
2019	7.01
2020	7.18
2021	8.14
2022	8.53

资料来源：国家统计局。

　　从我国各省份人均地区生产总值来看，2010~2022 年，各省份的人均地区生产总值均呈现较为迅速的增长趋势（见表 3-2）。其中，北京、天津等经济发展水平较高的地区表现尤为突出。东北地区的省份虽然经济发展水平较高，但人均地区生产总值增长速度相对较慢。中西部地区的省份，如河北、山西、内蒙古，虽然经济发展水平相对较低，但增长速度较快，尤其是山西和内蒙古，近年来经济发展势头强劲，可能受到煤炭等能源产业的复苏、资源型经济的崛起以及国家政策支持等因素的影响。多数省份的人均地区生产总值增长速度在 2012 年前后有所加快，可能是由于国家宏观经济政策调整，如加大基础设施建设投入、促进产业结构优化升级，提高了经济发展的质量和效率。同时，全球经济复苏，带动出口总额增长以及外资流入；地区性政策支持，如设立经济特区、自由贸易区等举措深化了对外开放程度；科学技术的进步、劳动者素质的提升以及生产效率的提高也有力推动了经济发展。

表 3 - 2　2010～2022 年中国 31 省份人均 GDP

单位：万元

省份	2010年	2011年	2012年	2013年	2014年	2015年	2016年	2017年	2018年	2019年	2020年	2021年	2022年
北京	7.83	8.62	9.28	10.06	10.67	11.37	12.34	13.62	15.10	16.18	16.42	18.75	19.03
天津	5.41	6.15	6.65	7.13	7.50	7.59	7.96	8.73	9.57	10.16	10.11	11.37	11.92
河北	2.53	2.96	3.18	3.33	3.45	3.60	3.87	4.15	4.38	4.70	4.83	5.42	5.70
山西	2.54	3.05	3.29	3.38	3.42	3.36	3.40	4.12	4.55	4.85	5.11	6.56	7.37
内蒙古	3.33	3.83	4.24	4.63	4.96	5.30	5.66	6.12	6.65	7.12	7.16	8.81	9.65
辽宁	3.19	3.74	4.08	4.40	4.59	4.65	4.71	5.02	5.47	5.80	5.86	6.50	6.88
吉林	2.34	2.83	3.20	3.51	3.75	3.81	4.03	4.29	4.49	4.76	5.06	5.51	5.53
黑龙江	2.17	2.61	2.94	3.21	3.35	3.28	3.40	3.59	3.82	4.12	4.24	4.72	5.11
上海	7.94	8.59	8.96	9.57	10.28	10.92	12.14	13.35	14.58	15.33	15.68	17.54	17.99
江苏	5.28	6.15	6.65	7.28	7.87	8.59	9.27	10.22	11.05	11.67	12.13	13.83	14.44
浙江	5.11	5.78	6.11	6.51	6.86	7.33	7.84	8.56	9.32	9.88	10.07	11.38	11.85
安徽	2.19	2.73	3.07	3.44	3.76	3.97	4.37	4.91	5.61	6.06	6.24	6.97	7.36
福建	4.08	4.79	5.30	5.83	6.37	6.76	7.40	8.38	9.47	10.27	10.51	11.88	12.68
江西	2.11	2.59	2.86	3.20	3.50	3.74	4.10	4.49	5.03	5.46	5.71	6.60	7.09
山东	3.56	4.06	4.43	4.87	5.19	5.62	5.92	6.30	6.63	6.99	7.18	8.15	8.60
河南	2.40	2.79	3.05	3.31	3.60	3.83	4.13	4.57	5.07	5.44	5.47	5.86	6.21

续表

省份	2010 年	2011 年	2012 年	2013 年	2014 年	2015 年	2016 年	2017 年	2018 年	2019 年	2020 年	2021 年	2022 年
湖北	2.84	3.47	3.91	4.38	4.86	5.20	5.68	6.32	7.11	7.67	7.37	8.66	9.21
湖南	2.40	2.88	3.22	3.57	3.92	4.32	4.66	5.10	5.48	6.01	6.25	6.89	7.36
广东	4.47	5.01	5.23	5.60	5.99	6.45	6.97	7.62	8.16	8.70	8.85	9.86	10.19
广西	1.81	2.22	2.42	2.64	2.86	3.09	3.33	3.64	3.98	4.28	4.42	5.01	5.22
海南	2.33	2.80	3.10	3.41	3.72	3.97	4.30	4.66	5.03	5.39	5.54	6.40	6.66
重庆	2.81	3.49	3.92	4.35	4.83	5.25	5.83	6.42	6.85	7.43	7.83	8.75	9.07
四川	2.12	2.61	2.96	3.28	3.56	3.72	4.03	4.58	5.17	5.56	5.80	6.46	6.78
贵州	1.29	1.60	1.89	2.21	2.51	2.85	3.16	3.60	4.03	4.37	4.64	5.05	5.23
云南	1.69	2.07	2.40	2.77	3.02	3.21	3.51	3.95	4.44	4.93	5.20	5.77	6.17
西藏	1.72	2.01	2.28	2.62	2.93	3.18	3.50	3.92	4.41	4.75	5.23	5.68	5.84
陕西	2.64	3.25	3.75	4.19	4.56	4.67	4.93	5.52	6.11	6.55	6.59	7.62	8.29
甘肃	1.54	1.88	2.11	2.36	2.57	2.59	2.74	2.91	3.22	3.47	3.58	4.10	4.50
青海	2.04	2.42	2.68	3.00	3.22	3.49	3.90	4.22	4.69	5.00	5.08	5.70	6.07
宁夏	2.50	3.02	3.26	3.51	3.68	3.79	4.03	4.57	4.96	5.25	5.50	6.35	6.98
新疆	2.47	2.96	3.31	3.70	4.02	3.95	4.00	4.55	5.12	5.35	5.36	6.30	6.86

资料来源：历年的《中国统计年鉴》。

3.2　人力资本水平

新经济增长理论明确揭示，经济增长的驱动力源自人力资本。普遍而言，区域人力资本水平的提升直接关联着经济增长的持续能力增强。全要素生产率的变革越发依赖于人力资本的累积，这一观点在诺贝尔经济学奖得主舒尔茨所著的《改造传统农业》中得到了深刻阐述。展望未来，尽管资本的充裕度在全要素生产率中的影响力将趋于减弱，但资本本身仍作为稀缺且不可或缺的生产要素存在。值得注意的是，人力资本的重要性建立在物质资本存量的坚实基础上，在物质资本稀缺的环境下，即便人力资本再高，也难以有效转化为生产力，形成有效的劳动力，进而创造剩余价值。这深刻揭示了人力资本与物质资本之间的适配性，是一个充满探讨空间且持续吸引学界关注的话题。聚焦于人力资本对全要素生产率的深远影响，不难发现，人力资本不仅是经济社会发展的核心资本，更是与物质资本相对立的生产要素中最具创造力的部分。从价值创造的角度看，人力资本无疑是原动力所在，同时也是生产方式变革的推动者。全要素生产率的选择及其绩效水平，很大程度上取决于人力资本的质量与水平。研究表明，人力资本水平是经济增长的主要贡献者，同时也是造成地区经济增长差异的关键因素。进一步而言，人力资本的水平不仅由存量决定，更通过其结构得以体现。人力资本结构的差异构成了衡量人力资本差异的基本标准，同时也是影响全要素生产率的重要变量之一。在精益生产模式下，对人力资本结构的要求更为严苛，不仅需要具备较高综合素养的普通劳动力，更渴求复合型、专业型的高端人才。当今世界，各国对人才的激烈竞争实质上是对人力资本的深切渴望，因为人力资本已逐步演变为推动未来社会发展的战略性资源。鉴于此，提升人力资本水平已成为各国教育体制改革的核心目标。通过加大人力资本投资力度，可以显著提升人力资本的整体水平，进而推动全要素生产率的转变。而衡量一个国家人力资本水平的重要指标之一便是其教育经费支出额。本书采用高等学校在校生人数占总人数比重进行衡量。表 3 - 3 的数据显示，我国高等教育在校生比例持续上升，这充分表明我国人力资本水平正处于不断提升的轨道上。

表 3 - 3　　　　2012～2022 年中国高等学校在校生数占总人数比重　　　单位:%

年份	2012	2013	2014	2015	2016	2017
比重	1.72	1.77	1.81	1.82	1.82	1.84
年份	2018	2019	2020	2021	2022	
比重	1.89	2.03	2.21	2.34	2.49	

资料来源：历年的《中国统计年鉴》。

从中国各省份人力资本水平来看，2010～2022 年，各省份的人力资本水平基本均呈现出稳步上升的趋势，但由于区域经济发展的不平衡性，人力资本水平的地区差异明显（见表 3 - 4）。得益于发达的经济水平和丰富的教育资源，北京、上海等地区吸引了大量高素质人才，人力资本水平始终居于前列。天津、辽宁等沿海地区依托地理位置优势和政策扶持，经济发展较快，对人才的吸引力也较强，人力资本水平相对较高。河北、山西、内蒙古等地区虽然人力资本水平相对较低，但增速较快。这些地区近年来加大了对教育的投入和人力资源的开发力度，人力资本水平得到了显著提升。党的十八大以来，我国逐步增加了对教育、健康等人力资本的投资，大幅度提升了国民受教育程度和健康水平，人力资本快速积累，对经济增长的贡献稳步提高。

表3-4 2010~2022年我国31省份高等学校在校生数占总人数的比重

单位:%

省份	2010年	2011年	2012年	2013年	2014年	2015年	2016年	2017年	2018年	2019年	2020年	2021年	2022年
北京	0.030	0.029	0.028	0.028	0.028	0.028	0.027	0.027	0.027	0.027	0.028	0.028	0.029
天津	0.033	0.033	0.034	0.035	0.035	0.036	0.036	0.037	0.038	0.039	0.041	0.042	0.044
河北	0.015	0.016	0.016	0.016	0.016	0.016	0.016	0.017	0.018	0.020	0.022	0.023	0.024
山西	0.016	0.017	0.018	0.019	0.020	0.021	0.022	0.022	0.022	0.023	0.024	0.026	0.027
内蒙古	0.015	0.015	0.016	0.016	0.017	0.017	0.018	0.018	0.019	0.020	0.020	0.021	0.022
辽宁	0.020	0.021	0.021	0.022	0.023	0.023	0.023	0.023	0.022	0.024	0.027	0.028	0.028
吉林	0.020	0.020	0.021	0.022	0.023	0.024	0.025	0.025	0.027	0.029	0.030	0.032	0.034
黑龙江	0.019	0.019	0.019	0.020	0.020	0.021	0.021	0.022	0.022	0.024	0.026	0.028	0.029
上海	0.022	0.022	0.021	0.021	0.021	0.021	0.021	0.021	0.021	0.021	0.022	0.022	0.022
江苏	0.021	0.021	0.021	0.021	0.021	0.021	0.021	0.021	0.021	0.022	0.024	0.025	0.026
浙江	0.016	0.017	0.016	0.017	0.017	0.017	0.016	0.016	0.016	0.017	0.018	0.019	0.019
安徽	0.016	0.017	0.017	0.018	0.018	0.019	0.019	0.019	0.019	0.020	0.022	0.025	0.025
福建	0.018	0.018	0.018	0.019	0.019	0.019	0.019	0.018	0.019	0.021	0.023	0.024	0.026
江西	0.018	0.018	0.019	0.019	0.020	0.022	0.023	0.023	0.023	0.025	0.027	0.030	0.032
山东	0.017	0.017	0.017	0.017	0.018	0.019	0.020	0.020	0.020	0.022	0.023	0.024	0.025
河南	0.015	0.016	0.016	0.017	0.017	0.018	0.019	0.020	0.022	0.023	0.025	0.027	0.029

续表

省份	2010 年	2011 年	2012 年	2013 年	2014 年	2015 年	2016 年	2017 年	2018 年	2019 年	2020 年	2021 年	2022 年
湖北	0.023	0.023	0.024	0.025	0.024	0.024	0.024	0.024	0.024	0.025	0.028	0.029	0.030
湖南	0.016	0.016	0.016	0.017	0.017	0.018	0.018	0.019	0.020	0.021	0.023	0.024	0.026
广东	0.014	0.015	0.015	0.015	0.016	0.016	0.016	0.016	0.016	0.016	0.019	0.020	0.021
广西	0.012	0.013	0.013	0.014	0.015	0.016	0.017	0.018	0.019	0.022	0.024	0.026	0.028
海南	0.017	0.018	0.018	0.019	0.019	0.019	0.019	0.019	0.019	0.021	0.023	0.024	0.025
重庆	0.018	0.019	0.021	0.022	0.023	0.023	0.024	0.024	0.024	0.026	0.029	0.031	0.033
四川	0.014	0.014	0.015	0.016	0.016	0.017	0.018	0.018	0.019	0.020	0.022	0.023	0.024
贵州	0.009	0.010	0.011	0.012	0.013	0.014	0.015	0.017	0.018	0.020	0.022	0.023	0.023
云南	0.010	0.011	0.011	0.012	0.012	0.013	0.014	0.015	0.016	0.018	0.020	0.022	0.023
西藏	0.010	0.011	0.011	0.011	0.010	0.010	0.010	0.010	0.010	0.010	0.011	0.011	0.012
陕西	0.025	0.026	0.027	0.028	0.029	0.029	0.028	0.027	0.027	0.028	0.031	0.032	0.033
甘肃	0.015	0.016	0.017	0.017	0.018	0.018	0.018	0.018	0.019	0.021	0.023	0.025	0.026
青海	0.008	0.008	0.009	0.009	0.009	0.010	0.011	0.011	0.012	0.012	0.012	0.013	0.014
宁夏	0.013	0.014	0.015	0.016	0.016	0.017	0.017	0.017	0.018	0.019	0.020	0.022	0.024
新疆	0.011	0.012	0.012	0.012	0.012	0.013	0.013	0.014	0.015	0.017	0.019	0.021	0.024

资料来源：历年的《中国统计年鉴》。

3.3 金融发展水平

金融发展水平对全要素生产率产生积极影响。首先，金融发展能够显著促进企业的全要素生产率。这一促进作用主要通过缓解企业的融资约束和提高信息披露质量来实现，进而提升全要素生产率。数字金融的发展有助于提升企业的全要素生产率，特别是在东部地区、非国有企业和中小企业中，这种正面影响更加明显。其促进作用主要通过规模经济、管理强化、研发创新和资本配置这四个间接途径实现。研究还发现，从金融集聚的视角出发，金融机构存贷款规模扩增以及保费收入汇集均对全要素生产率的增长展现出显著的正面效应，说明资金端的集聚充分发挥了对实体经济提高生产效率的作用。然而，金融发展对全要素生产率的影响并非静态恒定，而是会随着时间和条件的变化而变化。例如，绿色金融的发展显著提升了绿色全要素生产率，且这种提升效果在经济、社会和环境条件较好的地区更为明显。综上所述，金融发展水平对全要素生产率产生的积极影响不仅直接作用于企业生产率的提升，还通过优化资源配置、促进技术创新等方式间接提升全要素生产率。同时，金融发展的影响还受到地区、企业等因素的影响，表现出一定的异质性。金融发展水平采用存贷款之和占 GDP 的比重来衡量，从表 3-5 可以看出，中国各地区金融发展水平存在明显差异，但总体呈现上升趋势。其中，北京、上海名列前茅，得益于两地区经济发展水平和国家支持政策。其他地区，如天津、广东、浙江、江苏等地区金融发展水平较高，河南、湖北、湖南地区的金融发展水平相对较低，还有极大的上升空间。

表 3-5　　2011～2022 年我国 31 省份存贷款之和占地区生产总值的比重

单位：%

省份	2011 年	2012 年	2013 年	2014 年	2015 年	2016 年	2017 年	2018 年	2019 年	2021 年	2022 年
北京	6.67	6.73	6.60	6.71	7.55	7.48	7.15	6.87	7.00	7.17	7.61
天津	4.13	4.28	4.44	4.51	4.98	5.13	5.02	4.87	4.62	4.90	5.09
河北	2.23	2.41	2.63	2.85	3.09	3.29	3.39	3.50	3.61	3.89	4.18
山西	2.95	3.18	3.42	3.57	3.95	4.24	3.79	3.76	3.92	3.59	3.56
内蒙古	2.30	2.38	2.47	2.56	2.72	2.94	2.98	2.81	2.71	2.57	2.56
辽宁	3.28	3.45	3.60	3.75	4.16	4.43	4.40	4.42	4.52	4.46	4.48
吉林	2.46	2.52	2.70	2.91	3.36	3.66	3.62	3.63	3.84	4.10	4.52
黑龙江	2.30	2.38	2.49	2.68	3.20	3.35	3.48	3.54	3.62	3.95	4.04
上海	4.67	4.91	4.90	4.82	5.84	5.70	5.46	5.40	5.60	6.29	6.62
江苏	2.33	2.42	2.48	2.52	2.62	2.74	2.70	2.74	2.90	3.24	3.46
浙江	3.58	3.67	3.73	3.76	3.83	3.84	3.77	3.83	4.05	4.58	4.97
安徽	2.07	2.18	2.27	2.35	2.56	2.74	2.74	2.67	2.68	2.92	3.17
福建	2.19	2.25	2.33	2.37	2.52	2.55	2.46	2.32	2.42	2.66	2.80
江西	2.04	2.18	2.29	2.39	2.60	2.77	2.89	2.90	3.02	3.19	3.30
山东	2.09	2.20	2.26	2.32	2.35	2.47	2.48	2.54	2.71	2.91	3.09
河南	1.68	1.78	1.93	1.98	2.13	2.25	2.25	2.24	2.33	2.62	2.77

续表

省份	2011年	2012年	2013年	2014年	2015年	2016年	2017年	2018年	2019年	2021年	2022年
湖北	1.99	2.04	2.11	2.14	2.28	2.45	2.41	2.37	2.43	2.79	2.86
湖南	1.74	1.83	1.91	1.97	2.12	2.25	2.32	2.35	2.38	2.58	2.72
广东	3.41	3.60	3.75	3.66	4.20	4.27	4.14	4.08	3.71	4.14	4.40
广西	2.35	2.51	2.61	2.68	2.76	2.86	2.87	2.88	2.93	3.10	3.23
海南	3.13	3.23	3.40	3.43	3.82	4.10	4.13	3.75	3.61	3.39	3.45
重庆	2.89	3.02	3.13	3.13	3.23	3.20	3.15	3.20	3.24	3.33	3.39
四川	2.73	2.83	2.96	3.01	3.24	3.33	3.22	3.06	3.08	3.35	3.59
贵州	2.95	2.79	2.93	3.01	3.27	3.53	3.45	3.33	3.32	3.37	3.63
云南	2.89	2.87	2.85	2.88	3.07	3.10	2.99	2.80	2.76	2.78	2.84
西藏	3.39	3.82	4.32	5.00	5.55	6.32	6.67	6.13	5.70	5.16	5.52
陕西	2.55	2.58	2.63	2.70	3.03	3.11	3.00	2.97	3.06	3.32	3.38
甘肃	2.95	3.21	3.47	3.84	4.58	4.84	4.84	4.70	4.64	4.54	4.50
青海	3.69	4.13	4.38	4.71	5.07	4.94	4.89	4.49	4.25	4.06	4.07
宁夏	3.02	3.21	3.34	3.55	3.85	3.99	3.81	3.66	3.71	3.53	3.46
新疆	2.55	2.73	2.85	2.88	3.24	3.46	3.42	3.14	3.18	3.26	3.31

资料来源：历年的《中国统计年鉴》。

3.4 对外开放水平

对外开放水平影响全要素生产率，主要体现在外贸依存度和外资利用金额上。一方面，外贸依存度不仅展示了国家或地区的比较优势，还是推动劳动生产率提升和全要素生产率转型的重要动力。具体而言，外贸依存度的提升，意味着对全球经济动态的敏感度增强。当世界经济遭遇周期性挑战，如萎缩或衰退，本土生产活动往往首当其冲，全要素生产率的稳定与转型亦会遭受重创。反之，在全球经济繁荣时期，高外贸依存度则成为吸纳国际资源、促进技术升级、优化生产价值链的有力杠杆，进一步加速全要素生产率的转变。另一方面，外资利用金额是衡量一国或地区对外开放成效的另一把标尺。高效利用外资，不仅彰显了整合全球资源的能力，更是推动全要素生产率转变的重要引擎。外资的引入，不仅弥补了本土物质资本的缺口，更为人力资本的优化配置与经济发展综合实力的提升铺设了坚实基石。在经济全球化的浪潮中，这一过程不仅增强了地区经济的韧性，更为提升地区在全球经济版图中的地位奠定了坚实基础。综上所述，对外开放水平通过外贸依存度与外资利用金额的双重作用，深刻影响着全要素生产率的转变。在享受对外开放带来的机遇的同时，也需要审慎应对其带来的挑战，确保经济在开放中稳健前行，实现可持续发展。对外开放水平一般采用货物进出口总额占 GDP 的比重来衡量。以下是关于中国各省份对外开放水平的分析。

从各省份对外开放水平来看（见表 3 – 6），2010 ~ 2022 年，随着全球经济一体化进程的加速以及国际贸易合作的加强，中国各省份的对外开放水平整体呈现稳定增长的态势。受地理位置、经济基础以及政策环境等多种因素的影响，不同省份之间的对外开放水平存在显著差异。沿海省份往往具有更便利的国际贸易条件，以及更开放的政策环境。例如，江苏和山东等沿海省份的对外开放水平普遍较高，而内陆省份如吉林和黑龙江则相对较低。2015 年前后，国际贸易摩擦加剧，全球经济增长放缓，相当一部分省份的货物进出口总额和对外开放水平出现了明显的波动。2020 年前后，在新冠疫情的影响下，各省份的对外开放水平和货物进出口总额再次受到冲击，疫情导致的国际贸易中断、物流受阻以及市场需求下降等因素对货物进出口总额和对外开放水平产生负面影响。然而，随着疫情防控措施的加强和国际贸易环境的逐步恢复，这些指标也逐渐呈现出稳定回升的趋势。同时，中国也继续坚持对内深化改革、对外全面开放的原则，推动形成以国内大循环为主体、国内国际双循环相互促进的新发展格局。

表 3 - 6　　　　　2010 ~ 2022 年我国 31 省份对外开放水平指数

省份	2010 年	2011 年	2012 年	2013 年	2014 年	2015 年	2016 年	2017 年	2018 年	2019 年	2020 年	2021 年	2022 年
北京	1. 365	1. 464	1. 354	1. 257	1. 113	0. 803	0. 694	0. 732	0. 825	0. 811	0. 646	0. 740	0. 883
天津	0. 814	0. 823	0. 807	0. 800	0. 773	0. 654	0. 594	0. 612	0. 607	0. 523	0. 524	0. 545	0. 523
河北	0. 158	0. 162	0. 138	0. 140	0. 146	0. 122	0. 109	0. 110	0. 110	0. 114	0. 123	0. 134	0. 134
山西	0. 096	0. 087	0. 081	0. 082	0. 082	0. 077	0. 093	0. 080	0. 086	0. 085	0. 084	0. 097	0. 073
内蒙古	0. 072	0. 081	0. 068	0. 065	0. 074	0. 061	0. 056	0. 063	0. 064	0. 064	0. 061	0. 058	0. 066
辽宁	0. 393	0. 379	0. 368	0. 369	0. 350	0. 296	0. 282	0. 310	0. 323	0. 292	0. 262	0. 280	0. 276
吉林	0. 178	0. 184	0. 179	0. 170	0. 163	0. 117	0. 118	0. 115	0. 122	0. 111	0. 104	0. 114	0. 120
黑龙江	0. 208	0. 250	0. 215	0. 203	0. 196	0. 112	0. 092	0. 104	0. 136	0. 138	0. 112	0. 134	0. 168
上海	1. 394	1. 412	1. 294	1. 178	1. 134	1. 041	0. 964	0. 977	0. 948	0. 897	0. 892	0. 929	0. 945
江苏	0. 762	0. 714	0. 644	0. 575	0. 534	0. 477	0. 437	0. 465	0. 471	0. 440	0. 431	0. 443	0. 448
浙江	0. 626	0. 627	0. 574	0. 557	0. 545	0. 496	0. 473	0. 487	0. 493	0. 494	0. 521	0. 558	0. 609
安徽	0. 124	0. 124	0. 135	0. 137	0. 134	0. 125	0. 112	0. 123	0. 122	0. 129	0. 143	0. 162	0. 169
福建	0. 491	0. 517	0. 488	0. 466	0. 437	0. 392	0. 352	0. 341	0. 321	0. 315	0. 322	0. 371	0. 377
江西	0. 156	0. 175	0. 165	0. 159	0. 168	0. 157	0. 145	0. 148	0. 140	0. 142	0. 155	0. 167	0. 211
山东	0. 377	0. 390	0. 361	0. 349	0. 335	0. 271	0. 265	0. 283	0. 290	0. 290	0. 303	0. 353	0. 384
河南	0. 053	0. 080	0. 113	0. 117	0. 115	0. 124	0. 118	0. 117	0. 110	0. 106	0. 124	0. 141	0. 140
湖北	0. 108	0. 109	0. 089	0. 089	0. 094	0. 094	0. 078	0. 084	0. 083	0. 087	0. 100	0. 107	0. 116
湖南	0. 064	0. 065	0. 065	0. 066	0. 073	0. 064	0. 056	0. 072	0. 085	0. 109	0. 117	0. 130	0. 146
广东	1. 156	1. 112	1. 090	1. 082	0. 970	0. 852	0. 772	0. 742	0. 718	0. 662	0. 635	0. 662	0. 650

省份	2010 年	2011 年	2012 年	2013 年	2014 年	2015 年	2016 年	2017 年	2018 年	2019 年	2020 年	2021 年	2022 年
广西	0.140	0.146	0.165	0.163	0.183	0.215	0.196	0.220	0.210	0.222	0.220	0.235	0.251
海南	0.290	0.334	0.324	0.298	0.283	0.233	0.184	0.156	0.172	0.170	0.168	0.226	0.297
重庆	0.104	0.186	0.290	0.327	0.401	0.289	0.231	0.224	0.242	0.245	0.259	0.285	0.284
四川	0.128	0.146	0.156	0.151	0.149	0.105	0.099	0.121	0.139	0.146	0.166	0.176	0.179
贵州	0.047	0.056	0.062	0.064	0.072	0.072	0.032	0.041	0.033	0.027	0.031	0.034	0.040
云南	0.118	0.109	0.120	0.122	0.130	0.102	0.081	0.086	0.095	0.100	0.110	0.116	0.116
西藏	0.110	0.143	0.304	0.248	0.147	0.055	0.044	0.043	0.031	0.029	0.011	0.019	0.022
陕西	0.083	0.078	0.066	0.078	0.097	0.106	0.104	0.126	0.147	0.136	0.145	0.158	0.149
甘肃	0.127	0.117	0.104	0.105	0.081	0.076	0.066	0.044	0.049	0.044	0.042	0.048	0.053
青海	0.047	0.044	0.048	0.051	0.057	0.060	0.045	0.018	0.018	0.013	0.008	0.009	0.012
宁夏	0.084	0.076	0.066	0.086	0.135	0.090	0.078	0.106	0.071	0.064	0.031	0.047	0.051
新疆	0.216	0.226	0.214	0.203	0.183	0.132	0.122	0.124	0.103	0.120	0.107	0.096	0.139

资料来源：笔者根据国家统计局公布的资料计算得到。

3.5　双向 FDI 及其协同发展

双向 FDI 及其协同发展对全要素生产率的影响，在第 4 章的影响机制分析中将详细探讨，在此，仅简单分析双向 FDI 及其协同发展对中国全要素生产率的影响。

首先，IFDI 对全要素生产率的影响有两面性，即积极影响与消极影响。在积极影响方面，IFDI 通过技术转移与溢出效应影响全要素生产率。具体来说，IFDI 通过技术转移和溢出效应提升中国的生产率和技术水平。外资企业通常拥有较高的技术和管理经验，它们的进入可以促进本地企业学习和模仿，从而提高整体生产效率；IFDI 通过资金效应影响全要素生产率，IFDI 为中国提供了新的资金来源，有助于缓解资金缺口，推动经济发展；IFDI 通过人力资源培训影响全要素生产率，即 IFDI 通过人力资源培训等方式提升中国的人力资本，进而提高生产率；IFDI 通过产业集聚效应影响全要素生产率，IFDI 可以促进产业集聚，通过共享基础设施、技术和市场信息等资源，降低企业运营成本，提高生产效率。IFDI 对全要素生产率的消极影响主要表现在两方面。一是环境污染。低质量的 IFDI 可能会加剧环境污染，导致环境质量下降。一些研究表明，IFDI 的流入在某些情况下会加剧环境污染，形成"污染避难所"效应。二是市场竞争压力。外资企业的进入可能会加剧市场竞争，导致本地企业面临更大的竞争压力，影响其生存和发展。

其次，对外直接投资对中国全要素生产率的影响同样具有两面性，即积极影响与消极影响。（1）积极影响方面。其一，市场扩大。对外直接投资有助于中国企业扩大市场，增强企业竞争力，促进经济增长，进而促进中国全要素生产率的发展。其二，资源优化。对外投资企业内部交易降低了交易成本，产生了与国际贸易、规模经济相同的效应，实现资源优化，给中国全要素生产率带来积极影响。其三，技术提升。跨国公司通常制订长期研发计划，投入大量研发经费，推动了中国的技术进步和产业结构升级，促进全要素生产率的发展。其四，出口促进。跨国公司对中国出口贸易起到重要促进作用，提升了中国产品的国际竞争力，推动全要素生产率的发展。（2）消极影响方面。不可忽视的是，对外直接投资对全要素生产率也存在消极影响。第一，境内投资减少。对外直接投资可能导致中国境内投资的减少，影响经济增长，给全要素生产率带来消极影响。第二，就业机会减少。部分境内就业机会被转移到境外，可能导致中国失业率上升和"产业空心化"，阻碍全要素生产率发展。第三，经济依赖。长期依赖对外直接投资可能使中国经济缺乏自主性，受国际市场波动影响较大，影响全要素生产率的发展。综上所述，对外直接投资对中国全要素生产率的影响是复杂且多方面的，既有积极的促进作用，也存在潜在的负面影响。在进行对外直接投资时需综合考虑各种因素，以实现经济的可持续发展。

最后，双向 FDI 协同发展对全要素生产率的影响主要体现在以下几个方面。第一，技术进步和效率提升。双向 FDI 协同发展通过技术溢出效应促进技术进步和效率提升。外商直接投资带来的先进技术和管理经验可以提升本地企业的生产效率和产品质量，而对外直接投资则有助于获取境外先进技术和市场信息，进一步推动技术创新和效率提升。第二，产业结构升级。双向 FDI 协同发展有助于推动产业结构升级，优化资源配置，从而提高全要素生产率。通过吸引外资和对外投资，可以促进产业结构的高级化和合理化，增强产业链的协同效应，提升整体经济效率。第三，绿色经济转型。在绿色经济转型的背景下，双向 FDI 协同发展通过改善技术水平、优化产业结构等方式，推动绿色全要素生产率的提升。这有助于实现经济的绿色可持续发展，减少环境污染，提高资源利用效率。

从双向 FDI 近年来发展情况来看，我国总体发展迅速，尤其是实际使用外资额，未受到新冠疫情的影响，2019～2022 年一直保持增长态势（见表 3 - 7）。然而，对外直接投资额在 2022 年出现下滑，下滑幅度不大。受新冠疫情与全球经济形势影响，2022 年，我国对外直接投资首次出现下滑。从未来发展局势来看，总体将依然呈现上升态势，积极影响我国全要素生产率的发展。

表 3 - 7 　　　　　　　**2014～2022 年中国双向 FDI 情况**　　　　　单位：亿美元

项目	2014 年	2015 年	2016 年	2017 年	2018 年
实际使用外资金额	1197. 05	1262. 67	1260. 01	1310. 35	1349. 66
项目	2019 年	2020 年	2021 年	2022 年	
实际使用外资金额	1381. 35	1443. 69	1734. 83	1891. 3241	

资料来源：国家统计局。

3.6 产业结构

产业结构主要反映各行业间的占比关系以及相互依存状态。观察并分析当前各行业所占比重变化走向，发现农业（第一产业）占比略微减少，而以工业（第二产业）为主体的制造业和集中体现在生活生产、科学水平以及居民生活服务等领域的服务业（第三产业）的份额在稳步上升。值得注意的是，当分析产业结构对全要素生产率的影响时，需要根据具体的工业化阶段进行判断。当国家处于工业化的初期和中期时，工业部门的科技含量普遍匮乏，除了较高的资源投入，还会产生大量的污染物，在这种情况下，第二产业所占份额越多，对全要素生产率的抑制作用越明显。然而，当一国步入工业化后期，将呈现出完全相反的情形，在工业化进程中，随着工业部门技术实力的不断增强，其投入产出效率也呈现出显著的提升态势。在此背景下，合理扩大第二产业在经济结构中的比重，无疑将成为推动全要素生产率提升的强大动力。同时，产业结构的优化调整，通过精准利用各类要素禀赋的配置，进一步对全要素生产率产生深远影响。具体来说，随着资本与劳动比例的逐步优化，企业数量的稳步增长、科技创新能力的显著提升以及创新氛围的持续增强，共同构成了推动全要素生产率提升的关键因素。此外，资本的持续积累和投入，不仅促进了企业规模的扩大和生产设备的升级，还带动了劳动力队伍整体素质的普遍提升。这种提升进一步加速了资本与劳动力之间的深度融合和高效整合，为全要素生产率的持续增长奠定了坚实基础。然而，也需要清醒地认识到，资本深化的过程中并非毫无风险。如果资本的快速积累未能充分考虑到地方资源禀赋的实际情况，就可能导致实物资本与其他关键生产要素之间的错配现象。这种错配不仅会浪费宝贵的资源，还可能促使区域经济结构发生不利于长远发展的转变，由原本具有竞争力的劳动密集型产业向依赖资本投入的资本密集型产业过渡。这种转变不仅可能削弱区域经济的整体竞争力，还可能对全要素生产率的进一步提升构成阻碍。因此，在推动工业化和资本深化的过程中，必须保持高度的战略眼光和审慎的态度。既要充分利用资本积累带来的发展机遇，又要密切关注地方资源禀赋的实际情况和变化趋势，确保资本积累与资源禀赋的适配性。只有这样，才能确保工业化和资本深化进程的顺利推进，实现全要素生产率的持续提升和经济的可持续发展。

产业结构一般采用第三产业增加值占 GDP 的比重来衡量。从各省份产业结构状况来看（见表 3 − 8），2010 ~ 2022 年，我国整体经济持续发展，各省份的地区生产总值和第三产业增加值均呈现出逐年稳步增长的趋势。同时，第三产业占比逐渐增大，表明我国大部分省份的产业结构进行了优化升级，逐渐从以第二产业为主导转变为以第三产业为主导。其中，2015 ~ 2020 年产业结构变化较为明显。在科学技术的发展进步、人们对服务类产品的需求增加以及供给侧结构性改革、创新驱动发展战略等政策的推动下，第三产业占比的增长速度明显加快，在北京、天津等经济较为发达的省份表现尤为明显。而在如山西、内蒙古等以资源型产业为主的省份中，第三产业占比增速较慢。与产业结构变化相一致，大部分省份的第三产业增加值也在 2015 年后呈现出加速增长的态势。2020 年，受全球新冠疫情的影响，部分省份的地区生产总值增长速度放缓。然而在疫情得到有效控制后，经济迅速恢复了增长。

表 3 − 8 　　　　　　　　2010 ~ 2022 年中国 31 省份产业结构指数情况

省份	2010 年	2011 年	2012 年	2013 年	2014 年	2015 年	2016 年	2017 年	2018 年	2019 年	2020 年	2021 年	2022 年
北京	0.78	0.78	0.79	0.80	0.80	0.82	0.82	0.83	0.83	0.84	0.84	0.82	0.84
天津	0.50	0.52	0.53	0.54	0.55	0.57	0.60	0.62	0.63	0.63	0.63	0.62	0.61
河北	0.39	0.39	0.40	0.41	0.42	0.45	0.46	0.48	0.50	0.52	0.51	0.50	0.49
山西	0.34	0.33	0.36	0.38	0.41	0.50	0.51	0.49	0.51	0.51	0.50	0.44	0.41
内蒙古	0.45	0.43	0.43	0.43	0.44	0.47	0.48	0.49	0.50	0.50	0.48	0.42	0.40
辽宁	0.38	0.38	0.40	0.42	0.45	0.49	0.52	0.53	0.53	0.53	0.53	0.52	0.50
吉林	0.47	0.48	0.48	0.49	0.49	0.49	0.52	0.53	0.54	0.54	0.52	0.52	0.52
黑龙江	0.35	0.33	0.34	0.35	0.38	0.43	0.46	0.47	0.49	0.50	0.49	0.49	0.48
上海	0.58	0.59	0.61	0.64	0.65	0.68	0.71	0.71	0.71	0.73	0.73	0.74	0.74
江苏	0.41	0.42	0.43	0.45	0.47	0.48	0.49	0.50	0.50	0.52	0.52	0.51	0.50
浙江	0.44	0.44	0.46	0.47	0.47	0.49	0.50	0.52	0.53	0.55	0.56	0.55	0.54
安徽	0.40	0.38	0.39	0.40	0.41	0.45	0.47	0.49	0.51	0.51	0.52	0.52	0.51
福建	0.40	0.40	0.40	0.40	0.40	0.42	0.43	0.45	0.45	0.46	0.47	0.47	0.47

省份	2010 年	2011 年	2012 年	2013 年	2014 年	2015 年	2016 年	2017 年	2018 年	2019 年	2020 年	2021 年	2022 年
江西	0.34	0.34	0.35	0.36	0.37	0.40	0.43	0.44	0.47	0.48	0.48	0.48	0.48
山东	0.38	0.39	0.41	0.43	0.44	0.46	0.48	0.50	0.51	0.53	0.54	0.53	0.53
河南	0.32	0.34	0.36	0.37	0.39	0.41	0.43	0.44	0.47	0.48	0.49	0.50	0.49
湖北	0.40	0.39	0.39	0.42	0.43	0.45	0.46	0.48	0.50	0.50	0.53	0.52	0.51
湖南	0.42	0.40	0.41	0.43	0.44	0.46	0.49	0.51	0.53	0.52	0.51	0.51	0.51
广东	0.45	0.46	0.47	0.48	0.49	0.50	0.53	0.54	0.55	0.56	0.56	0.55	0.55
广西	0.40	0.39	0.41	0.44	0.44	0.46	0.48	0.49	0.51	0.51	0.52	0.50	0.50
海南	0.48	0.47	0.49	0.53	0.53	0.54	0.55	0.56	0.58	0.59	0.60	0.62	0.60
重庆	0.47	0.47	0.47	0.47	0.47	0.48	0.50	0.52	0.53	0.54	0.53	0.53	0.53
四川	0.38	0.39	0.40	0.41	0.43	0.44	0.48	0.50	0.52	0.53	0.52	0.53	0.52
贵州	0.46	0.47	0.47	0.48	0.47	0.46	0.46	0.49	0.50	0.51	0.51	0.51	0.51
云南	0.44	0.45	0.45	0.46	0.47	0.49	0.51	0.53	0.53	0.52	0.51	0.51	0.50
西藏	0.57	0.57	0.58	0.57	0.58	0.58	0.57	0.56	0.54	0.54	0.55	0.56	0.54
陕西	0.39	0.37	0.37	0.38	0.39	0.43	0.44	0.45	0.46	0.47	0.48	0.45	0.44
甘肃	0.40	0.42	0.43	0.45	0.46	0.51	0.52	0.54	0.54	0.55	0.55	0.53	0.51
青海	0.50	0.48	0.48	0.48	0.50	0.52	0.52	0.51	0.50	0.51	0.51	0.49	0.46
宁夏	0.44	0.43	0.45	0.46	0.46	0.48	0.49	0.48	0.50	0.50	0.49	0.46	0.44
新疆	0.35	0.37	0.39	0.43	0.43	0.48	0.49	0.49	0.50	0.52	0.51	0.47	0.45

资料来源：根据国家统计局数据计算得到。

3.7　政府干预程度

政府干预的经济效应，常被称为政府行为。在古典经济学的假定基础上，可以搭建一个完全竞争的市场，价格由供求关系决定，资源配置可以达到最优状态。但在某些情况下，政府可能会通过政策手段影响市场价格，效率将面临减损。因此，政府干预市场和全要素生产率水平形成了紧密联系。在现实生活中，经济体系内在的多重复杂性使得市场失灵的情况无法避免，为了维持经济持续、稳定、协调增长，政府将对市场经济总体进行适当的调节和控制。那么，政府在经济活动中究竟充当什么样的角色？是扮演市场失灵的补救者，还是无意之中抑制了全要素生产率的提升？政府干预对全要素生产率的影响主要体现在以下方面。（1）促进作用。在经济发展水平较低的地区，政府干预随着经济发展对全要素生产率具有推动作用。这是因为政府干预能够提供必要的基础设施和公共服务，通过促进技术的进步创新和产业的优化升级，实现全要素生产率的提升。例如，政府出台一系列的法律法规，旨在促进服务业蓬勃发展，政府的产业政策指导能够有效吸引其他产业的宝贵资源，诸如劳动力、资本等，促使这些资源持续汇聚于服务业，进而促进产业结构的优化升级，提升全要素生产率。（2）抑制作用。当政府干预超过一定限度时，可能会带来资源配置效率低下、价格扭曲、创新乏力等问题，从而阻碍全要素生产率的提升。例如，导致资源错配的一大因素便是政府的过度干预。例如，劳动力、土地、技术、资本等生产要素的错配，将导致全要素生产率的下降。综上所述，政府干预对全要素生产率的影响是一个需要辩证思考的复杂问题，既有可能通过适当的干预促进全要素生产率的提升，也可能因为干预过度而导致资源配置效率低下，抑制全要素生产率的增长。因此，关键在于准确把握政府干预的适度性和有效性，根据地区的实际情况采取相应的政策。

地方政府干预程度通常采用地方财政一般预算支出与地区生产总值的比值来衡量。从我国 31 省份政府干预程度来看（见表 3 - 9），2010 ~ 2022 年，地方政府的干预程度呈波动态势。地方财政一般预算支出总体呈增长趋势，反映出地方政府在公共服务、基础设施建设等方面的投入不断增加。同时，地区生产总值也快速上升，体现了各省份经济的积极的发展现状。这些情况与政府职能转变、经济结构调整、财政压力与公共服务需求以及政策推动等因素有关。随着市场化改革的深入，政府逐渐从直接干预转向宏观调控和公共服务提供，导致政府干预程度有所下降；随着产业结构的优化和升级，政府对特定行业的干预减少，更加注重市场调节和资源配置效率；科技创新、市场需求以及如产业政策、税收政策、投资政策等政府政策都对地区经济增长具有重要作用，对地区生产总值的变化产生影响。随着地区生产总值的增加，地方政府财政收入增加，从而有更多的资金用于公共服务、基础设施建设等方面。同时，随着人口增长和城市化进程加速，公共服务需求不断增加，推动地方财政一般预算支出增加，也可能导致政府干预程度上升。

表 3 – 9　　　　　2010～2022 年中国地方政府干预程度指数

省份	2010 年	2011 年	2012 年	2013 年	2014 年	2015 年	2016 年	2017 年	2018 年	2019 年	2020 年	2021 年	2022 年
北京	0.18	0.19	0.19	0.20	0.20	0.23	0.24	0.23	0.23	0.21	0.20	0.18	0.18
天津	0.20	0.22	0.24	0.26	0.27	0.30	0.32	0.26	0.23	0.25	0.22	0.20	0.17
河北	0.16	0.17	0.18	0.18	0.19	0.21	0.21	0.24	0.24	0.25	0.25	0.22	0.22
山西	0.22	0.22	0.24	0.25	0.26	0.29	0.29	0.26	0.27	0.28	0.29	0.22	0.23
内蒙古	0.28	0.32	0.33	0.32	0.32	0.33	0.33	0.30	0.30	0.30	0.31	0.25	0.25
辽宁	0.23	0.24	0.26	0.27	0.25	0.22	0.22	0.22	0.23	0.23	0.24	0.21	0.22
吉林	0.28	0.28	0.28	0.29	0.29	0.32	0.34	0.34	0.34	0.34	0.34	0.28	0.31
黑龙江	0.27	0.28	0.29	0.28	0.28	0.34	0.36	0.38	0.36	0.37	0.40	0.34	0.34
上海	0.18	0.20	0.20	0.20	0.19	0.23	0.23	0.23	0.22	0.21	0.21	0.19	0.21
江苏	0.12	0.13	0.13	0.13	0.13	0.14	0.13	0.12	0.13	0.13	0.13	0.12	0.12
浙江	0.12	0.12	0.12	0.13	0.13	0.15	0.14	0.14	0.15	0.16	0.16	0.15	0.15
安徽	0.20	0.20	0.22	0.21	0.21	0.22	0.21	0.21	0.19	0.20	0.20	0.18	0.19
福建	0.11	0.12	0.13	0.14	0.13	0.15	0.14	0.14	0.12	0.12	0.12	0.11	0.11
江西	0.20	0.22	0.24	0.24	0.25	0.26	0.25	0.25	0.25	0.26	0.26	0.23	0.23
山东	0.12	0.13	0.14	0.14	0.14	0.15	0.15	0.14	0.15	0.15	0.15	0.14	0.14
河南	0.15	0.16	0.17	0.17	0.17	0.18	0.18	0.19	0.18	0.19	0.19	0.17	0.17
湖北	0.15	0.16	0.17	0.17	0.17	0.20	0.19	0.19	0.17	0.18	0.20	0.16	0.16
湖南	0.17	0.19	0.19	0.20	0.19	0.20	0.21	0.20	0.21	0.20	0.20	0.18	0.19
广东	0.12	0.13	0.13	0.13	0.13	0.17	0.16	0.16	0.16	0.16	0.16	0.15	0.14
广西	0.23	0.25	0.26	0.26	0.26	0.27	0.28	0.28	0.27	0.28	0.28	0.23	0.22
海南	0.29	0.32	0.33	0.32	0.32	0.33	0.34	0.32	0.34	0.35	0.35	0.30	0.31
重庆	0.21	0.25	0.26	0.24	0.23	0.24	0.22	0.22	0.22	0.22	0.23	0.17	0.17
四川	0.25	0.22	0.23	0.23	0.24	0.25	0.24	0.23	0.23	0.22	0.23	0.21	0.21

续表

省份	2010 年	2011 年	2012 年	2013 年	2014 年	2015 年	2016 年	2017 年	2018 年	2019 年	2020 年	2021 年	2022 年
贵州	0.36	0.40	0.41	0.39	0.39	0.37	0.36	0.34	0.33	0.35	0.32	0.29	0.29
云南	0.30	0.31	0.32	0.32	0.32	0.32	0.31	0.31	0.29	0.29	0.28	0.24	0.23
西藏	1.07	1.24	1.27	1.22	1.26	1.32	1.35	1.25	1.27	1.29	1.16	0.97	1.22
陕西	0.23	0.24	0.24	0.23	0.23	0.24	0.23	0.23	0.22	0.22	0.23	0.20	0.21
甘肃	0.37	0.37	0.38	0.38	0.39	0.45	0.46	0.45	0.47	0.45	0.46	0.39	0.38
青海	0.65	0.71	0.76	0.72	0.73	0.75	0.68	0.62	0.60	0.63	0.64	0.55	0.55
宁夏	0.35	0.37	0.41	0.40	0.40	0.44	0.45	0.43	0.40	0.38	0.37	0.31	0.31
新疆	0.32	0.35	0.37	0.37	0.36	0.41	0.43	0.42	0.39	0.39	0.40	0.33	0.39

资料来源：根据国家统计局资料计算得到。

第4章　新发展格局下双向 FDI 及其协同发展影响中国全要素生产率的作用机理

新发展格局下，双向 FDI 是我国破解宏观经济内外失衡和供给体系低质量发展困境的重要路径，能为我国产业链布局带来新机遇，符合我国国内国际双循环相互促进的战略。本章将从以下几个方面阐述新发展格局下双向 FDI 及其协同发展影响中国全要素生产率的作用机理，即：外商直接投资（IFDI）与对外直接投资（OFDI）影响全要素生产率的途径分析，OFDI 与 IFDI 影响全要素生产率的形式分析，IFDI 与 OFDI 影响全要素生产率的效应分析以及双向 FDI 协同发展影响全要素生产率的机理分析。

4.1　新发展格局下 IFDI 发展影响中国全要素生产率的机理分析

4.1.1　新发展格局下 IFDI 影响全要素生产率的途径分析

从 IFDI 对国内经济循环和国际经济循环的作用来看，IFDI 是新发展格局的主要参与者和重要枢纽，对我国全要素生产率提高和经济高质量发展具有重要作用。外商直接投资进入中国，对中国的生产效率、资源优化配置及技术进步等发挥积极的影响作用，促使全要素生产率的提高，但不可忽视的是，新发展格局下，利用外商直接投资的负面影响同样存在。

1. 外商直接投资对全要素生产率所产生的正面影响

（1）促使国内资本形成，填补资本缺口。

外商直接投资对国内资本形成效应可分为直接效应和间接效应两个方面。直接效应为弥补资源空缺。发展中国家的经济在突飞猛进的过程中，通常会出现资源缺口，导致无法满足管理、经济等各种要求，例如储蓄投资缺口、财政收支、外汇缺口等都需要迫切地解决。尤其是后疫情时代，中国需要利用外商直接投资，较快解决这种缺口问题，把发达国家占优势的生产要素带到我国，从而缩小我国和发达国家之间比较大的差距。

外商直接投资对我国投资形成的间接效应主要体现在产业连锁效应和示范与牵动效应上。引进的 IFDI 与国内的资本只是一种天然的补充关系，这也是我国提出国内国际双循环的重要深层次原因。随着中国的发展、自身的资本也逐渐成长起来，也需要在市场中寻找投资的机会，这时 IFDI 与内资就不再是天然的互补关系，在寻找投资的过程中会出现"竞争"的关系。如果国内投资者实力较弱，在竞争中必然被"挤出"或被"淘汰"。而那些在竞争中存活下来的投资者利用 IFDI 带来的"溢出效应"，提升自己的技术水平，就有机会在市场竞争中存活下来并获得新的发展空间，进而为进行新的投资开辟道路。双循环经济中国内外资本协同发展是新发展格局的重中之重。

（2）激活并充分利用国内闲置、浪费的生产要素，促使资源优化配置水平提高。

以国内大循环为主体、国内国际双循环相互促进的新发展格局对利用 IFDI 也提出新要求。外商直接投资的大量流入和吸收不单单促使国内生产要素在使用效率方面得到提高，最关键的是对国内大量闲置和不能充分利用的资源或生产要素进行重新整合并加以有效利用。中国在没有引进外商直接投资之前，国内的生产要素如劳动力、能源、资源、土地等都没有得到充分开发和利用，闲置的国内重要生产要素阻碍了中国经济的发展。但是随着引入外商直接投资的步伐加快，引进的技术、资本、管理经验等使得国内闲置生产要素被激活、充分地发挥和利用。资源的有效整合不仅仅促进经济的发展，也促使了经济结构和产业结构的转变，生产要素在产业链的总投入将会大幅度增加，产出率也会大大增加。从另外一个角度来看，中国相对低级要素的利用会随着外商直接投资的引入更加有效，更有利于国内财富的增加、新的生产能力形成，使要素组合更加合理。也就是说，运用相对低级的生产要素吸引外商直接投资国家的高级生产要素，中国闲置要素与外商直接投资国家的流动要素交换，这样就能够逐步改善国内经济结构，优化资源配置，促进产业升级和产品技术提高，最终提高全要素生产率。

外商直接投资并不仅仅是资本的流动、技术的转移、信息的共享、管理经验的交流等，更关键的是把这些要素有效整合，这样才能发挥极大的作用，使得中国资源利用得到优化，配置效率提高。发达国家通过向中国直接投资，使中国获得了再生产的投入品，同时先进的生产技术、管理方法也随之流入，因此从这方面看，中国通过引入外商直接投资提高了资源配置效率，并引起相关资源的配置改革，可加速中国生产要素的流动，进而通过这一过程加强中国市场和国际市场之间的联系，给中国的经济增长注入了新的活力。从再生产的投入品以及组合效率上分析，通过引入外商的直接投资，中国可从发达国家获得资本品和中间产品。伴随着发达国家再生产投入品等硬件进入中国，新的生产方法和技术以及管理程序等软件也随着外商直接投资进入。通过硬件、软件的引进，可以有效地改善和提高中国本地企业在资源上的配置效率。

（3）促进产业结构转换和升级。

在中国经济发展的现阶段，高端技术、人力资本和品牌等优质生产要素仍然较为缺乏，在一定程度上制约了国内大循环的发展。每个国家的产业结构升级都离不开技术支持，只有从劳动密集型或者资源密集型向技术密集型发展，才能有效转变产业结构，而外商直接投资的注入过程中，通过技术转移和溢出效应可促使生产技术进步。发达国家在技术、生产设备、管理、人力资本等方面都具备优势，而在中国，外商直接投资企业中比例相对较高的是电子、计算机、通信以及交通设备等机电产业。中国庞大的市场需求使得 IFDI 企业获得极大动力，它们大多采取"技术换市场"的政策进行技术转移。最终中国加入国外高精尖的技术分工网，实现由劳动密集型向技术密集型转变，并且实现产业结构的优化和升级。举例来看，中国在引进外商直接投资以后，三大产业中，农业的生产质量提高、产业结构得到有效调整，农业在 GDP 中的比重逐步减少，逐步向发达国家合理的产业结构转变；第二产业中的基础工业、产品加工工业以及轻重工业实现协调发展，几大工业类型在发展中的矛盾逐渐弱化并得到解决；服务业在引进外商直接投资以后，建筑业、电信业、交通运输设备业等服务业的快速发展，使得第三产业在三大产业结构中的比重逐步提高，交通运输的发展为经济发展扫除了障碍，所以产业结构的转变和优化离不开外商直接投资发挥的作用，产业结构升级就能促使全要素生产率的提高，最终实现全要素生产率的有效转变。

（4）外商直接投资的利用带来生产要素的转移，进而促进技术转移。

IFDI 作为连接国内国际两个市场、两种资源的重要纽带，是新发展格局下"双循环"的天然载体。外商直接投资的利用实质是生产要素的国际转移。这种转移带来了技术和资金的转移，技术上的转移即技术扩散，是外商直接投资提高生产率的主要途径，是具有不同的技术水平主体之间通过一定的方式所产生的技术传递过程，其实现途径可以从以下几方面进行分析。首先，吸收外商直接投资为中国引入技术先进的人才，中国运用本国人力资本进行学习、模仿，掌握先进技术，所以这种人力资源的流动能有效地促进当地生产技术的提高；其次，中国企业通过 IFDI 企业的示范效应、关联效应促使技术外溢效应效果显著，但是同时，内资企业也面临着激烈的竞争，为了在竞争中获得有利地位，掌握、模仿先进技术成为最便捷、高效的方式。再其次，由于跨国公司通常拥有更为先进的技术、管理体制等，当跨国公司的子公司在中国开展经济行为时，当地厂商可能从这些公司学习到先进的生产技术。这个"免费搭车"的过程中，就产生了技术溢出。最后，中国激烈的竞争机制促使技术外溢效应发挥积极作用。在市场激烈竞争中，中国企业会竭尽全力提高技术水平，加强研发投入，提高生产使用效率，从而提高全要素生产率。所以，在开放的市场经济条件下，不仅仅是国内的人力资本水平和研发能力能够促进技术的进步，外商直接投资的合理利用也是重要的途径。

图 4–1 总结了外商直接投资对全要素生产率产生的正面影响。

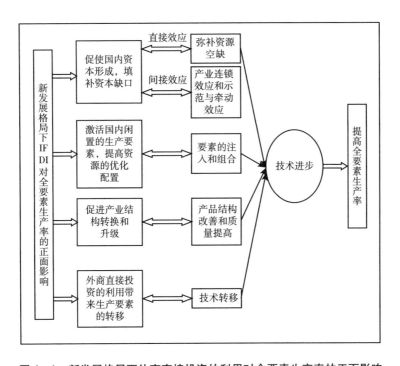

图 4–1　新发展格局下外商直接投资的利用对全要素生产率的正面影响

2. 外商直接投资对全要素生产率产生的负面影响

外商直接投资的利用对中国在经济增长上的影响并不全是正面的影响，IFDI 也是一把双刃剑。很多国家包括中国，利用 IFDI 让经济得到腾飞，但是事实上，有些国家经济发展停滞，甚至倒退也与 IFDI 有关。如果在利用外商直接投资时，没有有效地提高本国的全要素生产率，而只是让其资本要素投入作用，只会使本国的经济出现短暂的繁荣，最终导致本国的经济出现严重的泡沫化甚至债务危机。这种方式的外商直接投资进入，不但没有实现中国的全要素生产率的转变，反而有可能造成中国的经济倒退、引发经济泡沫，进一步加大中国与发达国家之间的差距。当中国的技术水平无法赶上发达国家的时候，就会导致中国的经济增长陷入困境，同时又由于发达国家的外商直接投资企业和中国的本地企业在企业制度上的不一致，导致中国在进行宏观调整的时候无法达到预期的宏观调控的目的，从而造成经济上的动荡。具体表现在如下几个方面。

（1）不合理布局将导致中国经济的不平衡发展。例如，发达国家的外商直接投资在进入中国时，为了降低本国的相关成本，往往会选择经济比较发达的地区，例如中国的沿海地区或者是内陆比较发达的城市，这样的投资布局在一定程度上拉大了中国的不平衡发展。因而在引入发达国家外商直接投资的时候，需要考虑到产业之间的平衡发展，避免不平衡发展所带来的后果。中国呈现经济发展不均衡的状态，一个重要原因就是产业布局的不规范、不合理。此外，如果新兴经济体或中国只注重某些行业例如工业的发展，而没有注重各产业之间的平衡增长，一旦行业发展出现问题时，就会受到非常严重的打击。

（2）外商直接投资的利用影响中国宏观调控政策。中国在引入外商直接投资时，为了吸引发达国家的直接投资，一定程度上会给外商直接投资提供优惠的制度和政策，给予外商直接投资有别于中国现有的管理体制之外的权利，这种差别导致外商直接投资企业在进入中国的时候会被"惯坏"，使他们不但享受政策上的优惠，而且在市场法规、产权结构、体制规范以及管理范畴方面的优势都超越国内企业。如此利用外商直接投资往往对中国的技术的影响无法达到其预期的目的，还会使得中国宏观调控效果从整体上不能发挥作用。这样会有引发金融危机的可能性。所谓金融危机，一般都是由于金融市场管理出现问题或者吸收大量的短期资金引起的，与跨国公司的外商直接投资在一定程度上有千丝万缕的关系。

（3）外商直接投资的技术垄断阻碍中国研发水平的提高。很多跨国企业在进入比其发展水平低的国家时，对生产技术进行行业垄断，这样会直接影响中国经济的发展。中国的企业可能会对拥有先进技术的外商直接投资企业产生技术和管理上的依赖，如果这种依赖性继续保持，投资方和中国的经济发展差距会越来越大，技术水平的悬殊会越来越明显，在国际竞争中越来越被动，从而导致双方之间的差距扩大。

（4）外商直接投资加剧了中国的粗放型经济发展方式。发达国家的外商直接投资企业往往还存在资本剥削的现象。以中国为例，在外国直接投资过程中，发达国家从中国得到的剩余价值非常庞大，中国为外商直接投资企业提供产品的生产基地，而外商直接投资在中国所获取到的利润都会回笼到母国。这样就导致了中国的产业处于整个产业链的低端，不利于其产业结构优化，还给中国自身的资源、环境等都带来了压力，并加剧了粗放式经济的增长，导致全要素生产率发展受阻。

图 4 - 2 总结了外商直接投资对全要素生产率产生的负面影响。

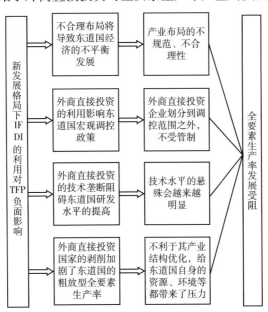

图 4 - 2　新发展格局下外商直接投资的利用对全要素生产率的负面影响

综上可见，中国提出新发展格局，主张以国内大循环为主体、国内国际双循环相互促进，正是因为在现有发展阶段充分认识到，外商直接投资的引进可以正面影响中国的全要素生产率，即通过其引进发达国家的技术、管理和竞争等；与此同时，外商直接投资的引入也会对中国的全要素生产率产生负面影响，即外商直接投资的不合理布局、外商直接投资的技术垄断地位等都会影响到中国经济的发展。当前者效应显著大于后者效应时，外商直接投资利用会促进中国全要素生产率发展；反之，外商直接投资的利用会使得中国全要素生产发展受阻。

4.1.2 新发展格局下 IFDI 影响全要素生产率的形式分析

近年来，中国经济发展受 IFDI 的影响越来越深远。新发展格局下，国内大循环为主、国内国际双循环相互促进的战略需要 IFDI 的调节作用。外商直接投资主要是通过两种形式影响中国全要素生产率发展：直接影响和间接影响。

一是外商直接投资对全要素生产率的直接影响方式主要体现在外商直接投资作为投资形式本身对全要素生产率的影响。中国在引入外商直接投资以后，IFDI 企业所具备的技术水平高、管理经验先进的优势，可以缓解中国优势行业垄断、劣势行业只能淘汰的现状，使得产业结构优化、资源合理整合。同时，外商直接投资的进入也促使 IFDI 企业与中国内资企业良性竞争，内资企业迫于压力不得不提高产业技术及效率。此外，随着中国吸收外商直接投资的规模越来越大，不可避免地会产生技术扩散、人力资源被迫流动、先进经验的传播、产品市场的竞争机制、产品厂商之间的前后向联系等，这些必能引起中国技术水平的提高、管理经验的进步、生产效率的提升。此外，不可忽视的是，IFDI 企业在中国开发市场，势必利用中国的人力资源，而且需要对劳动力进行培训，尤其是对管理和研发人才进行培养。再者，IFDI 企业所带来的产品设备相对需要"高精尖"的人才，企业的管理经验、制度执行都需要颇有经验的管理人员,IFDI 企业为了提高利润,必将对中国人力资源进行培养,让他们参与到技术研发、管理交流以及产品改进等方面,而这些培养出来的中国精英投入内资企业以后,就真正实现了技术转移和管理经验的输入。所以,中国通过模仿、学习、实践,最终会实现新技术的开发、新产品的研发,获得前沿的管理和销售经验,促使全要素生产率的逐步提高。如郭克莎(1995)曾提出,引入外商直接投资的效益和规模可以加快我国全要素生产率发展的转变。洪银兴(2000)表示,优化外商直接投资的结构以及提高 IFDI 的利用率可以推动和加快我国全要素生产率的改变。傅元海(2009)则认为,跨国公司引入 IFDI 产出的单位消耗水平可以影响发展中国家的消耗水平,从而影响到发展中国家的全要素生产率。

二是外商直接投资通过间接的溢出效应影响全要素生产率。外商直接投资从表面上看仅仅有资本的流动功能,但是在资本输出的过程中管理经验、产品技术、销售技巧、网络覆盖等都随之输出,并能大大提高中国的产业技术水平。而这些也是外商直接投资的技术溢出效应,是一种相对表面和外部性的表现,因为在外商直接投资引进过程中,一些效应会随之产生,如竞争效应、示范效应、关联效应、培训效应,它们会促进先进的生产技术、管理技能、经营方法传递到中国,促使技术溢出效应发挥积极的作用。众所周知,发达国家在技术水平和研发能力方面遥遥领先,通过不断研发和技术创新,实现了应用知识和技术相结合实现创新的目标,并创立了以知识为根基的"知识经济"蓝图,最终在国际市场争夺中具备先发优势,并获得先发利益。发展中国家在引进外商直接投资的过程中,通过学习和模仿缩小技术差距,在外商直接投资企业具备技术禀赋的优越条件下,可以给本国企业以积极的动力迫使企业不断学习、创新,以免被市场淘汰。同时,随着中国企业的技术水平的提升,投资方会带来更加先进的技术和管理经验,所以,投资方所隐含的技术和管理能激发中国企业提高技术水平和生产效率,最终促使全要素生产率水平的提高,使得全要素生产率得到有效转变。如沈坤荣（2001）提出外商直接投资不仅能够在数量上影响经济的增长方式，重要的是还可以通过溢出效应来影响经济增长要素，进而影响全要素生产率的发展。

4.1.3　新发展格局下 IFDI 影响全要素生产率的效应分析

1. 技术转移和扩散效应的影响

外商直接投资具有联通国内国际的独特优势，对于加快中国构建新发展格局具有重要意义。新发展格局下，实现质的有效提升和量的合理增长，需要合理运用 IFDI 企业的技术溢出效应，同时这也是促进全要素生产率发展的关键。中国全要素生产率的发展机制与外商直接投资的技术转移与扩散之间的关系，可以归纳为两个关键问题：第一，外商直接投资企业的技术控制约束着其在中国的技术转移与扩散力度；第二，中国自身的技术吸收能力制约着模仿学习能力。由于外商直接投资跨国公司对在中国进行的技术研发实行垄断或技术控制，所以这就要求，首先，中国在选择外商直接投资企业的时候，要把技术水准、技术转移能力以及技术扩散的范围大小考虑在内。中国要以学习或者模仿先进生产技术为基础，进而发挥本国人力资源进行自主创新。其次，中国技术和人力资源水平对外商直接投资技术转移起到非常关键的作用，中国受雇于外资企业的雇员可以通过与跨国公司雇员的管理、技术交流影响外商直接投资技术的转移和扩散。但李平（2007）认为，目前外商直接投资企业技术的转移和扩散的效应难以度量，缺乏其技术扩散路径的直接证据。IFDI 企业生产要素在中国的本地化程度是决定中国学习能力的最主要方面，这些反映了中国本地的创造价值以及生产要素参与程度，是提高中国本地产品含量非常重要的途径，与技术的转移能力和扩散范围正相关。早期跨国公司在海外发展中的子公司仅仅只生产浅加工产品，甚至组装、包装都是从母公司进口的半成品、中间产品，在中国创造的新增价值非常少，以达到其保持技术垄断地位，从而实现严格的控制技术外溢为最终目的，技术能力的转移以及扩散都非常的有限。正是基于这一点，中国在发展工业化的过程中，在引进外商直接投资时经常会用产品本地含量的规则来约束 IFDI 企业，以达到约束其生产行为，促使外商直接投资的企业加大其技术向中国转移和扩散的力度。因此，库玛（Kumar，2002）认为外商直接投资企业的生产本地化程度和技术转移能力与技术扩散正相关。

人力资本流动的示范效应是外商直接投资产生技术转移以及技术扩散效应的主要渠道，这些都与外商直接投资企业生产在中国本地化的程度有着密切的关系。在技术水平保持不变的情况下，随着生产的扩大，外商直接投资企业在生产过程中需要越来越多的中国本地雇员参与进来。这些雇员在生产过程中熟悉、掌握并积累了产品的生产、开发、设计等技术知识。他们一旦流向中国的本地企业，中国企业会快速获取相关中间产品甚至是最终产品的技术信息、技术参数、技术指南和诀窍。同样，示范效应和外商直接投资企业生产本地化的程度也是正相关的，IFDI 企业的生产本地化程度越高，中国的本地企业就更能近距离地观察学习到越多的先进生产工序，获得的技术信息、技术参数、技术指南以及诀窍就会越多，中国的模仿学习效应就会越大。以上的分析表明，IFDI 企业的生产本地化程度不仅反映了跨国公司潜在技术转移和扩散，而且在中国模仿学习能力具有充分条件时，也反映了 IFDI 企业技术的实际转移能力以及技术的扩散程度。

2. 竞争效应的影响

新发展格局下，发展国内大循环至关重要。在增强国内大循环内生动力和可靠性，提升国际循环质量和水平方面，需要依托我国超大规模市场优势，以国内大循环吸引全球资源要素，增强国内国际两个市场两种资源联动效应，产生良性竞争，促进全要素生产率提升。大部分向中国进行外商直接投资的企业都具备相对的技术优势。迫于竞争上的压力，东道国的企业往往会采用模仿或者是引进先进的技术手段来增强产品技术的核心竞争力。外商对中国进行直接投资的目的不尽相同，其在中国生产本地化的程度也就会有所不同。如果外商直接投资企业是因为中国廉价的劳动力、易得的生产要素，以及劳动密集型为主的产业结构形式，那么，本地的生产要素往往会在生产过程中被更多地使用，本地生产要素在外资企业所创造的新价值中的占比会更高，也就是外资企业的生产本地化程度就会更高。在与其他国家竞争的压力之下，中国的企业就会采用模仿学习手段来提高自身的技术水平。中国企业通过掌握外资企业更多的生产流程以及生产的技术，提高自身的投入产出率，竞争效应和模仿学习效应之间就会逐步发展，提高经济增长质量，最终实现全要素生产率的提升。

外商直接投资企业为了在市场竞争中始终保持其优势地位，获得中国更多的市场份额，通常会非常严格地控制其技术能力的外溢，更多的是通过从发达国家进口中间品来支持中国企业的生产，这类中间品包含跨国公司在该产品上的核心技术。在这种形势下，中国企业通过模仿、引进发达国家的技术获得更多的是最终产品、中间产品的生产技术，但是包含核心技术的中间产品、零部件则仍需进口，通过进口就意味着增加投入，从而会导致创造新价值的程度降低；另外，技术水平上的提高往往意味着单位投入的增加，当所谓的增加值低于产品进口所导致投入的增加时，技术水平虽然在一定程度上得到了提高，但因为不能使得中间产品的技术得以改善，创造的新价值比例就会下降，从而导致经济增长的质量必然下降；当增加值高于产品进口导致投入的增加值时，创造的新价值在比例上的提升就会促进经济增长质量的快速提高。

外资企业在市场份额上的参与程度直接反映了内外资在市场的竞争程度。假定内外资企业获得同等的市场地位，随着竞争激烈程度增加，技术的更新、产品的更替换代速度就会加快，中国的内资企业更有可能通过引进先进的技术、研发手段从而促进其在技术上的进步。如果中国的企业运用自己生产的原材料、中间投入品以及零部件，竞争效应会提高本国生产要素的投入产出率；如果过度依赖进口的原材料、中间投入品以及零部件，竞争效应就会降低本国生产要素的投入产出率。外资企业在进入中国的时候如果引起的竞争不激烈，中国的企业则可能更倾向于模仿学习外商直接投资企业的技术。模仿学习效应在竞争效应中表现得就会更多，中国的企业也将因此获得更多中间产品的生产技术，特别是发达国家跨国企业的生产技术，从而能够有效地提高中国的投入产出率，最终实现全要素生产率的转变。

3. **联系效应的影响**

中国的新发展格局是开放的双循环，不是封闭的小循环。国内资本与国外资本进行良好互动、发展，产生联系效应。联系效应主要是跨国企业在与中国的上游和下游的交往活动中产生的，一般可以分为前向关联和后向关联两种。前向关联指外资企业的产品用作中国企业生产过程的原料、零部件、半成品等所发生的效应；后向关联效应主要是外资企业与为其提供原材料、零部件和相关服务的中国企业发生的关联活动。联系效应特别是后向关联对中国的技术进步的影响是最有效的。不过联系效应与全要素生产率之间的相互影响还要看具体情况而定。在联系效应下，中国的企业通过技术援助、技术模仿学习、技术引进等诸多手段促进技术进步。中国企业选择技术进步的路径不同，会导致对中国的全要素生产率的影响产生差异。如果内外资关联所导致的模仿学习效应在联系效应中所占的比重高，联系效应就能够促进中国的企业转变全要素生产率。联系效应与外资企业在中国的本地化程度存在以下的正相关：外资企业的生产本地化程度越高就意味着外资企业和中国的本地企业之间的联系越紧密。通过与中国企业雇员之间的交流，就会将其熟悉掌握的知识传输给中国的企业雇员。前向关联的外资企业随着其在中国本地化程度的提高而需要提供包含更高技术含量的中间产品，后向关联的外资企业随着在中国本地化程度的提高则需要更多的中间投入品，因此，中国的本地供应商因为外资企业的技术帮助、培训以及质量控制标准化等而获取到更多的技术和管理。当后向关联效应变大时，中国的本地供应商就会为外资企业提供更多本地生产的中间产品，这种技术的交流和合作会促使中国生产技术水平的提高，最终对全要素生产率的提升发挥积极作用。

综上所述，新发展格局下 IFDI 影响全要素生产率的效应分析主要通过技术转移、扩散效应、竞争效应及联系效应，提高全要素生产率（见图 4 - 3）。

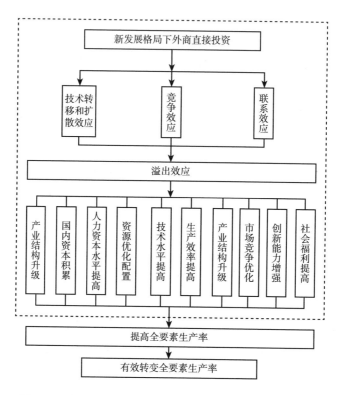

图 4 - 3　新发展格局下 IFDI 影响全要素生产率的效应分析

4.2　新发展格局下 OFDI 发展影响中国全要素生产率的机理分析

加速构建以国内大循环为主体、国内国际双循环相互促进的新发展格局，已成为当前及未来一段时期内的关键发展战略。新发展格局不仅是应对大变革时代所面临的各类危机与风险挑战的必然选择，也是适应百年未遇之大变局的快速调整，以及国内高质量发展进入新阶段、国内发展主要矛盾呈现新特征的必然战略调整与再定位。然而，不可忽视的是，国内与国际双循环的相互促进，高度依赖于对外直接投资的关键作用。对外直接投资是充分利用国际市场资源、促进生产要素合理分配的重要途径。它是社会经济发展到一定阶段的必然产物，也是在全球范围内实现资源高效合理配置的有效策略。通过对外直接投资获取稀缺的战略性资源、技术设备、人才及其他关键生产要素，已成为国际经济活动中的普遍做法，同时也是解决贸易保护主义等问题的有效策略。下面将从途径、形式和效应三个维度，深入分析在新发展格局背景下，对外直接投资对全要素生产率影响的作用机制。

4.2.1　新发展格局下 OFDI 影响全要素生产率的途径分析

中国新发展格局的提出标志着对外直接投资战略的转变，其核心目标已超越了传统的"走出去"模式，转而致力于实现国内外经济的互动与联动效应。在此背景下，对外直接投资旨在通过拓展市场范围、促进国内外市场的良性竞争、有效转移边际产业以及共享研发资源等途径，提升全要素生产率。

1. 市场规模的拓展

在进行对外直接投资的过程中，跨国公司往往能够扩大其在全球市场中的经营份额。市场范围的扩大有助于显著提升公司的经营利润。首先，面对国内市场的饱和状态，跨国公司会寻求拓展海外市场。海外市场的发展能够增加企业的销售量，进而提高销售收入。其次，随着市场规模的扩大，前期的边际成本呈现递减趋势，从而降低单位产品的平均成本。综合来看，销售量的增加与单位成本的下降共同作用，将增加跨国企业的经营利润。而企业利润的增长又将进一步促进中国研发创新的投入，推动中国生产力水平和技术进步，于是对外直接投资对中国全要素生产率产生积极的推动作用。

2. 国内与国际市场的竞争互动

跨国企业通过海外投资使其竞争格局由国内扩展至国际层面，进而面临国内外企业的双重竞争压力。为确保在全球化经济竞争中的优势地位，跨国企业必须增加技术研发的投入。在东道国直接投资时，跨国企业不仅要与当地企业争夺市场份额，还需调整产品以适应当地消费者的习惯和偏好。尤其当中国与东道国消费者偏好存在显著差异时，跨国企业更需进行针对性的研发活动以满足市场需求。因此，可以推断，为了获得竞争优势，跨国企业对外直接投资将推动其研发投入的增加，进而提升生产力和技术水平，对全要素生产率产生积极影响。

3. 边际产业的有效转移

依据小岛清（Kojima，1973）的边际产业转移理论，国内已处于或即将处于比较劣势的产业应通过对外直接投资进行转移。这些边际产业由于缺乏竞争力，其研发投入通常较低。相对而言，朝阳产业因具有良好的发展前景而受到企业的青睐，技术研发投入相应增加。将有限资源集中于朝阳产业的研发，相较于分散于边际产业，更能有效提升资源利用效率，进而提高生产力和技术水平。因此，边际产业转移效应通过对外直接投资对全要素生产率产生正面影响。

4. 共享研发资源

在当前科学技术研发领域，面对日益增长的复杂性和难度，研发成本亦随之攀升至巨额水平。单一企业对于研发复杂问题的解决能力有限，且难以独立承担高昂的研发成本。然而，鉴于研发活动的重要性，跨国公司通常不会轻易放弃，而是倾向于通过合作建立战略联盟，共同推进前沿技术的研究与开发。首先，跨国公司间的合作能够实现优势互补，通过利用合作伙伴的科研实力和技术知识，弥补自身不足，从而提升整体研究水平。其次，研发成本在联盟成员间分摊，有效减轻了单个企业的研发负担，使得对某些先进技术的研究成为可行，联盟成员有权共享战略联盟所产生的研发成果。最终，通过共享研发资源，优势互补、成本分摊，提高研发效率，促进全要素生产率。

4.2.2　新发展格局下 OFDI 影响全要素生产率的形式分析

在中国新发展格局的背景下，企业的对外直接投资旨在将国内的生产要素、技术与产品引入国际市场，以此利用国际市场资源提升自身的竞争力，并实现企业的做大做强。我国对外直接投资的优化升级，不仅是对国内国际双循环相互促进的新发展格局的积极适应，也是对全球生产格局重构趋势的现实响应。在新发展格局下，OFDI 对全要素生产率的影响主要体现在宏观和微观两个维度（见图 4 - 4）。

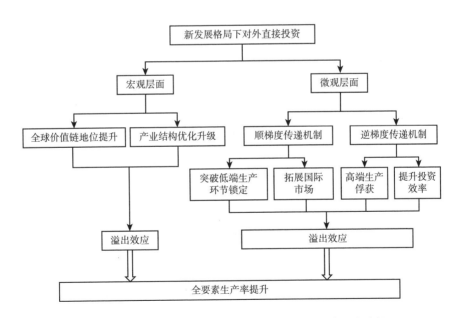

图 4 - 4　新发展格局下 OFDI 影响全要素生产率的形式分析

4.2.2.1 宏观层面

1. 全球价值链地位提升

在宏观层面，对外直接投资有助于发展中国家与发达国家之间进行国际投资与资本的转移。通过 OFDI，企业能够融入东道国的产业链和价值链系统，特别是深入东道国价值链，从而优化中国价值链结构，并提升中国在全球价值链中的地位。在全球价值链分工体系中，无论是绿地投资还是跨国并购，OFDI 都能够深入价值链与产业链，将对外直接投资与产业链、价值链融合，提升东道国在全球和区域价值链中的分工地位。简言之，中国可以通过 OFDI 参与区域价值链和全球价值链的分工体系。基于价值链嵌入的深度与广度，中国不仅能够改变中国在全球价值链中的位置，还能促进全球价值链的深度与广度调整，并为企业参与全球分工、构建更深层次的对外直接投资与价值链结构转换提供理论支持和经验借鉴。在对发展中国家和发达国家的对外直接投资中，中国能够通过东道国市场，嵌入全球价值链的核心位置，获取全球价值链分工环节的技术。通过对外直接投资，中国能够从全球价值链两端的低附加值环节逐步推进至高端高附加值环节。最终，无论采取何种形式，在对外直接投资过程中，都能够通过推动中国全球价值链地位的提升，为中国全要素生产率的提高提供相关的生产要素和技术支持。

2. 产业结构优化升级

对外直接投资在吸收前沿技术、推动高质量人力资本流动等生产要素跨国转移方面发挥着重要作用，尤其在高端先进制造业的发展上具有显著影响。此外，它有助于规避国际贸易壁垒，迅速拓展国际市场，从而获取更多海外收益。就中国而言，通过对发展中国家的投资，中国能够优先将边际产业转移到东道国，特别是针对不同类型的对外直接投资寻求型企业，以提升企业整体生产效率、扩大国际市场影响力，促进高质量人力资本的跨国流动，改善行业及企业间的产业结构，实现企业生产结构的调整，为中国全要素生产率的高速增长提供直接的机制路径。

效率寻求型对外直接投资企业能够在东道国更有效地寻求并获取海外市场，从而提升中国企业的海外营业收入，实现收益最大化。这一过程不仅能够扩大东道国劳动力成本的供给，还能快速便捷地获取东道国市场信息，在对外投资效率寻求中实现企业利益最大化。通过改善中国员工结构，促进海外人力资本转移，降低企业劳动力成本，增强企业竞争力，为企业实现规模经济和技术升级，加速推进中国企业全要素生产率的提升。

市场寻求型对外直接投资主要目标是开拓东道国市场，包括发达国家和发展中国家两个不同的市场。在这一过程中，市场寻求型对外直接投资企业可以为中国带来更多的收益，将产品推销到东道国，在东道国实现产业优化。同时，直接将中国产品更直接、更方便地送到消费者手中，能规避两国之间的国际贸易等障碍，不仅能为促进中国企业产业转型升级提供各种支持；还能为获取海外收益，提升中国全要素生产率提供各方面的便利。

技术寻求型对外直接投资是指中国企业为了获取技术而进行的对外直接投资，通过与东道国市场进行合作，与东道国共同设立研发中心，获取东道国先进技术，吸引东道国高技术人才进入企业。

资源寻求型对外直接投资主要目的是获取东道国资源，降低中国资源开发成本，尤其是中国对不同资源的依赖度；同时，吸收国外技术，开采开发新能源，改善国内能源消费结构，促进中国能源技术自主创新，提升新能源开发利用层次，减少环境资源能耗，从而增加先进制造业和新兴产业的比重和份额，提升中国全要素生产率。

4.2.2.2　微观层面

在微观层面上，主要从顺梯度传递机制与逆梯度传递机制两个维度进行深入探讨。

1. 顺梯度传递机制

顺梯度传递机制主要表现在两个方面：一是突破低端生产环节的锁定效应，二是拓展国际市场。

（1）突破低端生产环节锁定。

首先，企业通过绿地投资与跨国并购等对外投资策略，能够获取价值链上游的关键资源。通过这种方式，推动企业高新技术产品的开发、价值链位置的提升以及产品技术工艺流程的优化，从而提升企业在整个价值链和产业链的地位。在对外投资的过程中，企业不仅能够获取东道国的资源以巩固其在价值链中的高端地位，而且在整个产业链、全球链和价值链的生产环节中，对外直接投资能够提供前沿技术支持。通过促进企业内部资源配置的优化，提高资源配置效率，促进生产要素间的自由流动，实现要素投入在全球价值链平台上的全面提升，推动产业链上下游的产品、位置和工艺升级（卢福财和胡平波；2008）。

其次，解决国际投资交流的障碍。在全球化进程中，东道国可能因多种原因限制中国获取其技术、资源、能源及其他生产要素，导致中国与东道国之间存在各种障碍，包括技术、资金及其他壁垒。对外直接投资能够解决国际贸易和投资壁垒中的问题，从而为企业获取价值链，突破自身生产环节的低端锁定，实现高端升级，提供机制路径。

同时，获取海外营业收入，降低企业营业成本，为企业发展成为区域或全球价值链高端企业提供先进的科学技术，并获取价值链上游的核心技术，从而降低企业研发和生产成本，推动企业全要素生产率的最大化，实现中国企业全要素生产率的高端升级，发挥中国企业全要素生产率的潜力，构建中国与东道国之间的产业链、价值链和生态链，推动企业破除国际投资障碍，为提升中国全要素生产率提供机制保障。

最后，降低企业海外投资风险。企业在参与全球产业链和价值链的过程中，能够通过对外直接投资的不同嵌入程度，不断向价值链两端延伸，破除企业在全球价值链中的低端生产环节锁定风险，拓展企业参与价值链的链条长度，为企业价值链进一步深层次地扩展和降低企业海外风险提供国际投资保障，为企业在国际投资与全球价值链的低端位置提供向高端攀升的机遇，从而通过对外直接投资促进全球价值链升级，推动中国企业全要素生产率的增长。

（2）拓展国际市场。

在对外直接投资的进程中，尤其是针对发展中国家的海外投资活动，无论是绿地投资抑或海外并购，均能直接或间接地实现对国际市场的渗透。就中国而言，通过将企业产品转移至东道国，企业得以在东道国直接获得海外营业收益。同时，通过对外投资与研发机制，促进中国技术创新，降低中国企业的研发成本，包括技术、产品、生产和能源等方面，为企业逐步实现技术升级和产品优化提供海外市场支持，为中国全要素生产率的稳步提升提供更优的成本收益基础。

2. 逆梯度传递机制

逆梯度对外直接投资传递机制主要针对发达国家，具体涵盖高端生产俘获、提高投资效率两个中介机制。

（1）高端生产俘获。

在对外直接投资的过程中，企业应通过高端生产环节的俘获机制，积极主动地融入全球价值链的生产环节。通过对外直接投资与全球价值链高端生产环节的结合，企业不仅能够通过高端生产的价值链地位，不断提升企业的嵌入程度，同时，还可以在区域价值链与全球价值链的生产融合过程中，将企业的生产环节提升至新的高度，避免仅停留在低端环节，努力实现高端环节的增强。就中国而言，无论是绿地投资还是跨国并购，对外直接投资都能为中国企业进一步提升全球产业链、价值链的高端生产环节提供一条有效路径。对外直接投资企业在不断推进高端生产环节的过程中，获取海外技术和高附加值、高产业值，建立技术溢出机制，增强中国企业全要素生产率。

（2）提升投资效率。

对外直接投资不仅为资源配置效率的改善提供关键的中介机制，而且促进生产要素的跨境自由流动。海外营业收入能够实现 OFDI 企业资源配置效率的最大化。因此，OFDI 企业应积极主动地投资于效率更为显著的产业。就中国而言，OFDI 企业通过境外投资获取更多收益推动技术进步，利用资源投资效率的提升促进企业技术创新的质量、数量和效率，进而增强中国企业全要素生产率的最大化，实现中国经济的高质量转型发展。同时，OFDI 企业能够在激烈的国际市场竞争中绕开市场壁垒，提升生产率和技术创新，将企业的生产性资源配置调整至最佳状态，促进企业资本的最优配置。OFDI 的方式不仅使企业能够从中国获取人力、资源、能源等要素的投入，还能够通过东道国市场获取更丰厚的回报。通过降低要素成本，减少企业资金投入，缓解企业的融资约束，从而提高企业的资本投资效率，更快地实现中国全要素生产率的提升。

4.2.3 新发展格局下 OFDI 对全要素生产率影响的效应分析

在新发展格局的战略核心中，经济发展的动力和重心转向以国内大循环为主体。然而，新发展格局绝非封闭的国内循环，而是开放的国内国际双循环。在此基础上，必须畅通国内经济循环，并通过高水平对外开放，构建国际合作和竞争的新优势。在这一背景下，对外直接投资作为中国融入国际市场、参与国际分工合作与竞争的关键方式之一，在服务新发展格局中扮演着至关重要的角色。OFDI 对全要素生产率的影响效应主要体现在以下三个方面（见图 4-5）。首先，规模经济效应。企业为了追求更高的利润，必须不断拓展海外市场，以实现市场份额的增加和边际产品的有效转移。其次，技术创新溢出效应。通过对外直接投资于发达国家，获取东道国的先进技术，已成为促进本国企业发展的关键途径之一。最后，学习吸收效应。主要通过吸收和学习国外的管理模式、先进技术，进而提升全要素生产率。

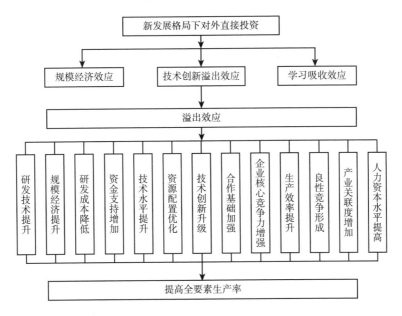

图 4 - 5　新发展格局下 OFDI 影响全要素生产率的效应分析

4.2.3.1　规模经济效应

在中国的开放经济体系中，对外直接投资能够通过拓展国内市场供给和获取海外营业收入，促进中国产业规模经济的实现。此过程不仅能够扩大海外市场需求，而且在东道国市场中通过产品输送和市场占领，提升产品质量，从而获得额外的海外营业收入。此外，通过与东道国企业或金融机构的互动，企业能够在国外获取资金，降低融资约束，拓宽收入来源，最终提升研发技术水平，促进中国全要素生产率的增长。具体而言，此效应体现在以下三个方面。首先，对于进行对外直接投资的企业而言，无论是通过绿地投资还是跨国并购，对外直接投资均成为企业获取海外营业收入的关键手段。与出口相比，企业能够规避东道国的市场壁垒，通过绿地投资将产品从母公司转移到子公司，或通过海外并购直接收购东道国企业，利用其产品作为母公司的主要产品，在东道国市场进行销售，从而提升企业在东道国的规模经济，缓解技术资金压力，降低中国企业的研发成本，推动中国全要素生产率的增长。其次，对外直接投资企业能够利用东道国在关税、信贷及市场等方面的优惠政策，借助政策扶持获取更多资金投入，扩大国内市场规模，形成规模经济，并享受税收优惠和政府补贴。在全球化的背景下，中国通过对外直接投资不仅能够获取东道国的海外规模收益，还能通过海外并购与绿地投资更好地实现规模经济。最后，研发成本的高低是衡量国家技术发展水平的重要指标，同时也反映了国家技术的先进程度。技术发展水平高的国家通常拥有较低的研发成本，而技术发展水平低的国家则面临较高的研发成本。过高的研发成本不仅表明国家研发水平低下，而且限制了技术落后国家的技术进步。然而，为了开发新技术以保持竞争优势，企业必须不断增加研发投入，以在激烈的国际市场竞争中生存。此时，企业通过对外直接投资进行研发资本的分摊，通过海外并购或合资获取国外企业的研发资源，与国外企业共同分担高昂的研发费用。分摊研发成本还包括将非核心技术研发转移到海外子公司进行，由海外机构进行研究和处理，而企业则将主要的财力物力集中于新的、有潜力的研发领域，以有限资源投入新型、有发展潜力的技术研发，从而提升新型技术的发展水平。

4.2.3.2 技术创新溢出效应

对外直接投资能够为中国带来逆向的技术创新溢出效应，进而促进中国技术创新的正向发展，推动技术创新升级。此过程中，技术溢出和技术扩散的传导机制得以形成，进而促进中国全要素生产率的稳步提升。这主要体现在三方面：技术溢出机制、技术扩散机制以及获取前沿技术。

首先，技术溢出机制是指在 OFDI 过程中，企业能够获取东道国的先进技术和管理经验，无论是发达国家的先进技术还是发展中国家的其他资源和能源利用技术或管理经验，都存在一定的参考价值或意义。例如，我国某集团收购德国固废能源利用公司，通过这种方式直接获取德国技术或管理经验，进而提升我国全要素生产率。

其次，技术扩散机制涉及对外直接投资企业吸引国际资本、技术、人力资本的跨国流动，并通过逆向技术溢出将国外先进技术扩散至 OFDI 企业的母国。例如，在"一带一路"倡议下，我国某水务集团在新加坡投资建设新生水厂项目，以及某集团采用环保生产工艺在越南投资建设针织品生产基地。这些项目的实施都说明，通过合作或共同研发的形式，可以将东道国技术扩散至中国，进而提升中国高端前沿技术能力，为中国全要素生产率的提升提供技术支撑。

最后，获取前沿科技是逆向对外投资的关键作用之一。通过对发达国家进行投资和跨国并购，企业能够直接获取其市场前沿科技，并为中国经济高质量发展提供前沿技术的支持。长期以来，以西方国家为主的发达经济体一直占据全球技术前沿，尤其是全要素生产率的前沿技术梯队。OFDI 企业通过直接学习这些经济体的前沿科技，能够更好地实现技术的逆向投资传递机制。在此过程中，OFDI 通过收购或合资的形式，直接参与前沿科技的生产和转移过程，为企业实现技术创新升级提供支持，进而提高中国全要素生产率。

4.2.3.3 学习吸收效应

对外直接投资通过影响中国技术创新效率，进而促进创新能力和技术水平的提升，这一过程主要通过学习吸收效应实现。

1. 模仿示范与竞争效应

企业进行对外直接投资，可通过模仿示范渠道提升自身效率。就中国而言，在东道国建立的企业会接触到当地企业独特的经营理念和管理方法等无形资产，投资企业在生产经营过程中会受到这些因素潜移默化的影响，形成示范效应。模仿涉及投资企业对东道国其他企业和科研机构的先进技术、管理经验的学习、吸收，并结合自身实际情况进行改进和优化，进而转移至母公司，持续吸收和创新，提高科技研发效率，提升企业全要素生产率。此外，中国企业获得技术比较优势后，会激发国内其他企业之间的竞争效应，促使它们加快学习和改进技术的步伐，形成推动技术提升的良性循环。这一效应不仅体现在企业研发活动中，还反映在企业运作和管理方式等方面。这是一种高效的形式，能够提升企业自身开发利用的准确性，缩短技术研发周期，节省开发成本，进而推动企业全要素生产率水平的提高。

2. 产业关联效应

产业关联效应涉及产业链间的前向和后向关联。前向关联发生在上游企业向下游企业销售产品或服务的过程中；后向关联发生在下游企业从上游企业采购原材料、中间产品或服务的过程中。一方面，随着技术水平的不断提升，企业会对上下游企业所提供产品的品质及功能提出更高要求，通过向关联的落后企业提供相应技术标准、产品信息以及指导培训，以满足自身要求。另一方面，这也会倒逼关联企业加大研发投入，加快基础设施建设与配套设备升级换代。可以看出，上下游企业之间的相互反馈可以促进企业技术水平的提升，并带动更多企业，进而提升中国的技术水平。随着新兴市场国家经济发展水平的不断提高，进出口贸易与对外直接投资规模稳步提升，中国企业和境外机构业务往来日益增多，为中国技术创新能力提升创造了良好的外部条件，进而影响中国的全要素生产率。

3. 人才流动效应

人力资源是进行研发活动的关键要素之一，专业人才的培养和流动对促进一国整体技术进步具有重要作用。人力资本流动不仅包括国内人才的相互交叉流动，也包括人力资本在国际市场上的流动交换。无论中国企业以何种方式进行对外直接投资，都不可避免地会与东道国人力资源产生联系。通过海外直接投资，企业可以接触到当地相对丰裕的科研技术人才，雇用高素质人才加入，引进高质量人才。此外，在国外子公司受训的员工会将先进技术与知识带回，有助于提升员工综合素质，为促进母公司技术创新能力夯实人力资本基础。人才流动效应带来的隐性知识为企业管理模式改进和技术发展提供了重要支撑。母公司和子公司可以充分利用人才交流机制提高企业的核心竞争力，建立完善的创新激励机制和灵活开放的内部学习机制，增强各部门员工交流和分享的积极性，扩大企业对全球价值链的影响，提高创新能力和技术水平，实现全要素生产率逐步提升。

4.3　双向 FDI 协同发展影响中国全要素生产率的机理分析

党的二十大报告明确指出，要"坚持高水平对外开放，加快构建以国内大循环为主体、国内国际双循环相互促进的新发展格局"，这为双向 FDI 协同发展提供了全新的背景和明确的方向指引。在这一新发展格局下，双向 FDI 协同发展成为国内和国际双循环相互促进这一战略的必然要求和重要组成部分。

双向 FDI 对全要素生产率的影响可以从直接影响和间接影响两方面进行分析，如图 4 - 6 所示。

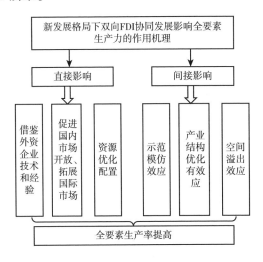

图 4 - 6　新发展格局下双向 FDI 协同发展影响全要素生产力的作用机理

4.3.1 直接影响

首先，当一个国家或地区成功吸引外商直接投资时，企业可以通过学习和借鉴这些外资企业的先进技术和管理经验，提高自身的生产效率和降低生产成本。随着成本的降低，企业能够将更多的资金投入研发活动中，这不仅能够增强企业自身的创新能力和竞争力，还能够提升企业在对外直接投资中的资金流向上拥有更大的自主权和选择权。通过选择与更高级别和更先进企业进行对外投资合作，企业能够获取国外的先进经验和技术，进而反哺本国企业的发展。在这一循环往复的过程中，双向 FDI 得以协同发展，从而有效促进全要素生产率的提升。其次，双向 FDI 协同发展还能够促进国内市场的进一步开放和国际市场的拓展。通过吸引外资，国内企业可以更好地融入全球价值链，提升自身的国际竞争力。同时，国内企业通过对外投资，可以将自身的优势产品和服务输出到国际市场，进一步拓展企业的业务范围和市场影响力。这种双向互动不仅有助于优化资源配置，还能够推动产业升级和经济结构的调整，为实现高质量发展提供有力支撑。因此，在新发展格局下，双向 FDI 协同发展不仅是对外开放战略的重要组成部分，也是推动经济持续健康发展的重要动力。最后，双向 FDI 协同发展，有助于实现资源的优化配置。通过转移国内过剩资源和吸收国际市场的有效资源，可以促进国内与国际市场的良性互动。此举不仅优化了国内产业结构，还促进了资源的高效配置。在新的发展格局中，构建宽广的外部循环体系，以及大规模利用国内外两种资源、两个市场，发挥着至关重要的作用。当前，中国经济已迈入新时代，相较于 20 世纪 80 年代，我国的要素禀赋发生了根本性的变化，经济规模、贸易规模以及跨国资金流动规模均位居世界前列。同时，国际经济政治环境亦经历了显著变化，中国与发达经济体之间的关系已从以互补合作为主转变为互补与竞争合作并存。综合考量这些变化，未来中国经济发展中，国内与国际双循环的各自地位及其相互作用，与 20 世纪 80 年代相比将有显著差异。因此，强调双向 FDI 的协同发展，对于促进国内与国际两个市场、两种资源的有效互动，具有极其重要的作用。这将为国内市场的生产效率提供必要的资源支持，进而推动全要素生产率的发展。

4.3.2　间接影响

双向 FDI 协同发展通过影响技术创新，间接影响全要素生产率的提升。就中国而言，双向 FDI 协同发展通过示范模仿效应、产业结构优化及空间溢出效应等产生技术溢出，促进中国技术创新，提升全要素生产率。

首先，东道国企业通过模仿跨国公司的先进技术并进行再加工，实现模仿式创新，从而提升技术创新水平。当一国或地区吸引外商直接投资时，外商投资带来的技术传播与扩散效应，使得本土企业能够获取海外丰富的原材料、开拓海外市场、提高企业在全球市场竞争中的优势；本土企业通过示范效应学习、吸收、模仿技术，并在此基础上进行改造升级，迅速实现更高效的生产技术应用，进而提高企业生产效率，降低生产成本和研发成本。这样，本土企业能够将更多资金投入高新技术研发中，同时高质量的外商直接投资的引入也能够强化资本累积，从而提升本土企业对外投资的能力。同时，对外投资企业更倾向于选择技术寻求型对外直接投资，以获取国外先进的技术，并通过技术反馈机制实现我国企业技术的赶超。最终，外国直接投资与对外直接投资之间相互促进，形成协同发展的局面，降低成本，提高企业生产效率，实现全要素生产率的提升。

其次，产业结构优化。若无序地引入规模不适宜或质量低下的外商直接投资，例如大量引进的外资集中在低附加值、产业链低端的产业，则不仅可能排挤国内资本，导致更多资源被浪费在低附加值生产活动中，而且可能导致产业结构陷入低端锁定状态，抑制企业竞争力的形成，造成要素市场扭曲，进而导致全要素生产率的下降。同时，对外直接投资的逆向技术溢出效应亦会减弱，从而影响本国或地区的经济发展，抑制产业结构的优化，并降低对外资的吸引力。在这一情况下，双向 FDI 的协同发展水平较低，要素配置失衡，外资更多地流入劳动密集型的制造业和重工业，必将阻碍当地全要素生产率的提升。然而，如果 IFDI 和 OFDI 协同发展水平可以合理调整，二者的协同度将逐步上升，一国或地区可以通过吸引外资重新配置国内外的生产要素，合理有效地利用劳动、资本等各类生产要素，将生产要素从产能过剩领域转移到有市场需求的领域，促进高附加值、与区域要素禀赋高度协同的企业发展，推动产业结构向更适应资源禀赋和生态环境的方向转型升级，实现资源在产业间的合理流动，进而促进全要素生产率的提升。

最后，空间溢出效应。全要素生产率作为衡量经济发展的重要指标，其提升可通过企业技术溢出、要素流动、产业转移等多种方式实现。当某国或地区引入高质量的外商直接投资时，本土企业将受益于技术溢出、先进经验、人力资本附加值的提升，这些效应会通过邻近企业的交流合作与贸易往来进行传播和扩散，共同提高企业的资本积累和生产效率，进而促进对外直接投资的实现。在这种情况下，本土及邻近地区均能形成双向 FDI 较为协同的发展，全要素生产率得以提升，实现双向 FDI 协同发展的空间关联效应。

第5章　中国全要素生产率的测算分析

全要素生产率这一核心概念源自美国经济学家索洛（Solow，1957）在其权威经济著作中的深刻阐述，它精准地刻画了在某一确定的时间周期内，产品生产效率的量化状态，即产出量与生产过程中全部生产要素投入量的比例关系。全要素生产率的增长率，作为衡量技术进步贡献的关键指标，普遍被视为技术进步的"晴雨表"。同时，它也可以从另一个侧面解读为总产出增长速度超越总要素投入增长速度的额外增益，这一视角进一步凸显了技术进步在提升生产效率中的核心驱动力作用。全要素生产率不仅仅是一个简单的比值，它更是一个复杂的生产率函数，用以评估单位总产量与总投入之间的效率关联。这一函数为我们提供了一个有力的工具，用以深入分析生产效率的内在机制及其变化趋势。关于全要素生产率测算方法的选择是本章的重点，以下将详细分析全要素生产率测算方法的情况。

5.1　全要素生产率测算方法选择

从国内外的研究方法来看，估算全要素生产率的主要方法可以分为经济计量法和增长会计法两大类别。（1）经济计量法主要运用经济计量模型，考虑全要素生产率的各种影响因素，并进行复杂的计算。这一类别可以进一步细分为隐性变量法（LV）和潜在产出法（PO）两种类型。隐性变量法主要利用状态空间模型（SSM），将全要素生产率视为一个未检测或隐性变量，并通过极大似然函数估计来估算全要素生产率。这种方法的优势在于它将全要素生产率视为一个相对独立的变量，而不是简单的残差，从而减少了估算误差，并考虑了数据不平稳性可能导致的伪回归问题。而潜在产出法，也被称为边界生产函数（FDF），主要关注能力实现改善和技术进步水平对全要素生产率增长的影响。这种方法的优点在于它直接关注全要素生产率增长的关键因素，但同样存在估算误差。因为其主要依赖于产出缺口的估算，而产出缺口的估算无论采用何种方法都不可避免地会产生一定的误差。（2）增长会计法则主要基于新古典经济增长理论，方法相对简单，涉及的因素较少，主要通过设定一定的假设和约束条件来进行。增长会计法可以进一步分为代数指数法（AIN）和索洛残差法（SR）。凯夫斯（Caves，1982）等认为，增长会计法更适合于概念解释而非实证研究，因此它被认为是一种概念化方法。索洛残差法，也被称为生产函数法，由著名经济学家索洛（Solow，1957）提出。该方法首先计算出总量生产函数，然后从产出经济增长率中扣除各要素投入增长率后的残差，进而估算全要素增长率。这种方法基于希克斯中性技术和规模效益不变的假设，将全要素生产率等同于技术进步率。卢卡斯（Lucas，1988）认为，索洛残差法在经济增长判定和源泉分析方面具有里程碑式的历史意义，并对新古典增长理论作出了巨大贡献。然而，这种方法也存在缺陷，因为它依赖于新古典经济学的特定假设，如规模效益完全不变、完全竞争以及希克斯中性技术等，这些假设在现实中很难完全满足。此外，索洛残差法中的"残差"用于衡量全要素生产率，导致计算误差无法完全消除，从而对结果产生影响。在估算过程中，由于资本价格难以确定，资本服务的确定只能用资本存量替代，这显然忽视了能力改善、新旧产品和资本设备生产率差异等因素的影响。

在深入探讨全要素生产率估算方法的多样性及其应用时，我们不难发现每种方法都有其独特的优势与局限。索洛残差法，凭借其模型的简洁性与对经济现实的契合度，赢得了国内外学者的广泛采用。赫尔滕（Hulten，2000）对此法的推崇尤为显著，他强调索洛残差不仅涵盖了计算过程中的误差与遗漏变量影响，还深刻反映了技术水平变动的贡献，相较于单一的技术进步概念，全要素生产率更贴近索洛残差的实质。然而，尽管其应用广泛，索洛残差法也面临着理论支撑不足的质疑，尤其是将 TFP 视为残差的做法，缺乏坚实的理论基础。

面对这些挑战，学者们纷纷在索洛残差法的基础上进行拓展与创新。格里利奇和乔根森（Grilliches & Jorgenson，1967）便是其中的代表者，他们提出了索洛扩展模型方法，旨在更精确地估算全要素生产率。然而，该方法对时间派生数据与离散数据的高度一致性要求，使得实际操作中困难重重，增加了使用的复杂性。与此同时，前沿生产函数方法以其独特的视角吸引了众多学者的关注。法雷尔（Farrell，1957）首次尝试将经济增长理论与实证研究相结合，虽然未能成功，但为后续研究奠定了基础。直至艾格纳（Aigner，1976）等开创性地提出了一种新型前沿生产函数估计法，为全要素生产率的估算开辟了新天地。在前沿生产函数领域，研究者通常采用参数方法与非参数方法两大类。参数方法的核心为随机前沿分析（stochastic frontier analysis，SFA），该方法通过设定特定的生产函数模型，并运用最小二乘法或极大似然估计法对模型参数进行估计。SFA 法在处理度量误差方面具有优势，因为它考虑了随机误差项的影响。然而，该方法要求明确生产函数的具体形式及其分布假设，这在样本量较小的实证研究中可能会导致问题。非参数方法以数据包络分析（data envelopment analysis，DEA）为代表。DEA 法无须预先设定生产函数的具体形式，而是通过线性规划技术构建一个包含所有可能生产方式的最小生产可能性集合。DEA 法的核心在于评估生产效率，即在给定投入下实现产出最大化，或在最小投入下实现既定产出。该方法的优势在于无须依赖统计检验数据来评估样本的拟合度和统计特性。然而，DEA 法在应用时受到观测数目的限制，有时不得不排除部分样本数据以满足分析要求。此外，凯夫斯（Caves，1982）借助 DEA 构建了 Malmquist 指数，为全要素生产率的估算构建了一个全新的理论框架，进一步丰富了该领域的研究工具。

在国内，索洛残差法因其普适性、计算误差可控及操作简便性，成为研究中国全要素生产率的主流方法之一。学者们的研究结果呈现出两大截然不同的观点：一部分研究指出，中国全要素生产率增长缓慢甚至停滞，如陈时中（1986）、张军扩（1991）、郭庆旺和贾俊雪（2005）等均支持这一观点，他们的研究揭示了在特定历史时期，我国全要素生产率增长动力不足的问题；而另一部分学者则持乐观态度，例如涂正革和肖耿（2006）、李宾和曾志雄（2009）等的研究表明，我国全要素生产率在某些时期呈现出快速增长的态势，成为推动经济增长的重要力量。此外，Malmquist 指数法则更适用于面板数据分析，而本书聚焦于单一国家的时间序列数据，因此该方法并不适用。同样，隐性变量法虽能剔除干扰误差项，但其假设条件限制了全要素生产率变化的敏感度，可能导致估算结果过于平稳，与实际情况存在偏差。经多方权衡，本书将选择 SFA 法。SFA 法的核心优势在于其能够通过估计生产函数对个体生产过程进行精确描述，进而实现对技术效率的有效控制。该方法在处理测量误差方面表现出色。SFA 法适用于单投入单产出或多投入单产出的情形，但不能处理好多投入多产出的情形。此外，该方法在大规模样本数据集上的表现更为卓越，而在小规模样本数据集上可能导致较大的估计偏差。该方法与本研究的总体需求相契合。

SFA 法属于参数估计方法范畴。该方法首先设定一个生产函数模型，随后依据误差项分布的假设差异，运用不同的技术手段对生产函数中的参数进行估计，以计算全要素生产率的增长率。根据现有文献综述，随机前沿分析模型可表述为：

$$Y_t = F(X_t, \beta) \exp(v - u) \qquad (5-1)$$

其中，产出变量用 Y 表示；设定函数用 F 表示；投入要素用向量 $X_t = X_{1t} X_{2t} \cdots$

X_{nt} 表示，其中 X_{nt} 代表第 n 种投入要素；时间趋势用 t 表示；待定参数用 β 表示。误差项具有复合结构，其中 v 为随机统计误差，独立同分布，且服从均值为 0、方差为 σ^2 的正态分布；u 表示由技术效率引起的误差，也独立同分布。当 $u = 0$ 时，生产单位处于生产前沿面上；若 $u > 0$，则生产单位处于生产前沿面下方，即技术非有效状态。u 和 v 之间相互独立。通过极大似然法可以估计参数值和技术效率值，进而计算出全要素生产率的增长率。假设生产函数 F 的形式为柯布 - 道格拉斯生产函数，则式（5 - 1）可以变形为：

$$\ln Y_t = \beta_0 + \beta_1 t + \beta_2 \ln K_t + \beta_3 \ln L_t + v_t - u_t \tag{5-2}$$

其中，t 表示时间，Y_t 为产出量，K_t 为资本投入量，L_t 为劳动投入量，u、v 为误差项。

对式（5 - 2）进行全微分运算，并对其结果进行整理，可以得到：

$$\frac{\mathrm{d}Y_t}{Y_t} = \beta_1 + \beta_2 \frac{\mathrm{d}K_t}{K_t} + \beta_3 \frac{\mathrm{d}L_t}{L_t} = \mathrm{d}u_t \tag{5-3}$$

将式（5 - 3）变形可以得到：

$$\frac{\mathrm{d}Y_t}{Y_t} - \beta_2 \frac{\mathrm{d}K_t}{K_t} - \beta_3 \frac{\mathrm{d}L_t}{L_t} = \beta_1 - \mathrm{d}u_t \tag{5-4}$$

技术效率的定义，即 $TE = \exp(-u)$，通过对两边取自然对数并进行微分处理可以得到：

$$\mathrm{d}u_t = \frac{\mathrm{d}TE_t}{TE_t} \tag{5-5}$$

将式（5 - 5）代入式（5 - 4），可以得到：

$$\frac{\mathrm{d}TFP_t}{TFP_t} = \beta_1 + \frac{\mathrm{d}TE_t}{TE_t} \tag{5-6}$$

式（5 - 6）表明，全要素生产率的增长率可分解为技术进步率与技术效率变化之和。

基于以上分析，常见的 SFA1、SFA2、SFA3 方法，分别代表正态－半正态分布的技术效率不变随机效应模型、正态－截尾正态分布的技术效率不变随机效应模型以及时变衰减随机效应模型。为了深入探究行业间不可观测的异质性及其对参数估计值的影响，针对 SFA3 模型引入截面虚拟变量。基于此，可进一步得到 SFA3 的一个扩展模型，命名为 SFA3D。SFA3D的核心原理在于构建一个融合随机误差项与技术无效率误差项的生产函数模型，并通过最大似然估计法对模型参数进行估计。该方法实现了对随机误差与技术无效率误差的有效分离，进而能够对决策单元的效率进行更为精确的评估，对全要素生产率的测算也更为准确。本书将采用 SFA3D 进行省级层面和行业层面的全要素生产率的测算。

5.2 资本存量的分析和估算

基于以上分析，本书采用 SFA3D 方法对中国全要素生产率进行精确估算。根据式（5-2）可以发现，一个至关重要的环节便是准确计算资本存量与要素投入。对于资本存量的分析和估算，国内学者已经展开了广泛而深入的研究，他们大多基于戈德史密斯（Goldsmith，1951）提出的永续盘存法（PIM）作为理论基础，该方法的核心在于通过迭代计算，即以前一年的资本存量为基础，加上当年的资本形成额，并扣除前一年的资本折旧，从而得出当年的资本存量。

在进一步细化资本存量估算的过程中，我们假设资本服务效率遵循几何递减的规律，并据此构建了估算公式。在回顾过往文献时，我们注意到大多数研究资本存量的文献均采用了类似的估算方法，尽管具体公式编号可能有所不同，但实质上都是基于永续盘存法的原理进行推导。这些研究之所以选择这种方法，主要是因为其相对简单易行，且数据获取较为便捷。

例如，谢千里、罗斯基和郑玉歆（1995）在研究改革开放以来我国工业生产率变化趋势时，便采用了类似的公式对资本存量进行计算。其他知名学者如王小鲁和樊纲（2000）、张军和章元（2003）、何枫等（2003）、张军等（2003）、郭庆旺（2005）以及赵志耘和杨朝峰（2011）等，也均采用了类似的公式对中国资本存量进行了核算。

当然，也有部分文献在采用永续盘存法原理的基础上，进行了更为详细和复杂的计算。例如，单豪杰（2008）、郑丽琳和朱启贵（2013）的研究便是对此进行了深入探索。然而，鉴于本书研究的实际情况和数据可获得性的限制，我们依然选择了普遍常用的式（5－7）进行资本存量的估算。

$$K_t = (1 - \delta) \times K_{t-1} + I_t/P_t \qquad\qquad (5-7)$$

其中，K_t 表示 t 期内的资本存量，δ 表示资本折旧率，K_{t-1} 表示 t 上年存留下来的资本存量。I_t 表示在 t 期内的投资额（以当期价格衡量）；P_t 是指 t 期内的价格指数。式（5－7）的含义是指当年的资本存量是上年和当年的资本存量的资本投资之和。所以资本存量的估算关键在于推算基期资本存量 K_0、选择投资流量指标、选取价格指数以及折旧率。

在即期资本存量的确定方面，学术界确实存在显著的差异，这种差异不仅体现在研究方法和理论基础的不同，还直接导致了实际测算结果的巨大差异。具体而言，对于 1950 年早期的资本存量比值，学术界普遍认同其处于一个相对宽泛的区间，即 0.5～3.5。这一区间的存在，深刻反映了不同学者在数据选择、方法运用及假设设定等方面的差异。

在众多研究中，何枫等（2003）的研究尤为引人注目，他们测算出的基期资本存量高达 5428.3 亿元（以 1952 年末为基准，按 1990 年的价格水平计算）。这一数值的得出，无疑为后续的资本存量研究提供了重要的参考。然而，与之形成鲜明对比的是霍尔泽（Holz，2006）的研究，他测算出的基期资本存量仅为 2087.5 亿元（以 2000 年的价格水平计算，基准年为 1953 年末）。这一差异，再次凸显了学术界在资本存量估算上的分歧。

　　张军和章元（2003）则采用了不同的研究路径，他们以 1952 年为基期年份，通过对比上海与全国的国内生产总值比值来估算资本存量。这种方法虽然具有一定的创新性，但也因其数据来源的局限性而备受质疑。本书则采用了郭庆旺（2005）的研究方法，将 1978 年设定为基期年份。通过查阅大量文献资料，我们确定了 1978 年末全民所有制工业企业的固定资产净值为 2225.7 亿元。进一步地，我们结合当年全民所有制工业企业总产值占全国 GDP 的比例（58%），计算得出 1978 年的固定资产净值为 3837 亿元，并以此作为基期资本存量。

　　在固定资产折旧率方面，学术界的分歧同样显著。虽然大部分学者倾向于采用 5% 的折旧率（张军等，2003；郭庆旺，2005；等等），但也有一些学者进行了更为深入的推算。例如，王小鲁等（2009）就提出了分阶段设定折旧率的观点，他们认为 1952~1977 年应维持 5% 的折旧率，而 1977~2007 年由于资本折旧的平滑加速效应提高至 8%。然而需要指出的是，在当前的文献资料中尚无法对全社会的固定资产投资估价进行准确评估（如 2009 年中国统计年鉴所述），因此我们只能依据现有的规定和大多数学者的常用做法来设定折旧率。在投资流量的衡量上，学术界也采用了多种不同的指标如生产性积累额、固定资本形成额、固定资产投资额等。本书在综合比较各种指标的优缺点后，选择固定资产投资额作为衡量指标。同时为了保持数据的一致性和可比性我们还选择了固定资产投资价格指数作为价格指数的指标，本书中的固定资产投资价格指数都是以 2010 年为基期的（见表 5-1）。

　　综上所述可以看出，国内在资本存量估算方面确实存在较大的分歧和差异。然而通过仔细分析和比较，我们可以发现各种方法都有其独特的优点和适用范围。因此，在实际应用中我们需要根据具体的研究目的和数据条件来选择合适的方法，以确保研究结果的准确性和可靠性。在本书中我们采用了与郭庆旺和贾俊雪（2005）相同的研究方法和指标来估算资本存量，并通过公式计算得出具体的资本存量数值。

表 5 −1　2010～2022 年我国省域固定资产投资价格指数

省份	2010 年	2011 年	2012 年	2013 年	2014 年	2015 年	2016 年	2017 年	2018 年	2019 年	2020 年	2021 年	2022 年
北京	1.000	1.057	1.071	1.070	1.070	1.044	1.041	1.090	1.131	1.155	1.185	1.220	1.263
天津	1.000	1.057	1.057	1.052	1.057	1.056	1.050	1.095	1.144	1.163	1.186	1.213	1.244
河北	1.000	1.055	1.058	1.057	1.059	1.038	1.032	1.101	1.156	1.191	1.234	1.287	1.350
山西	1.000	1.055	1.068	1.073	1.069	1.049	1.049	1.116	1.166	1.212	1.272	1.348	1.440
内蒙古	1.000	1.063	1.080	1.076	1.074	1.052	1.047	1.082	1.121	1.140	1.164	1.194	1.229
辽宁	1.000	1.066	1.077	1.077	1.073	1.051	1.042	1.084	1.122	1.157	1.201	1.256	1.322
吉林	1.000	1.056	1.060	1.060	1.062	1.037	1.023	1.071	1.121	1.150	1.186	1.229	1.281
黑龙江	1.000	1.075	1.084	1.085	1.085	1.074	1.067	1.104	1.140	1.149	1.161	1.174	1.190
上海	1.000	1.065	1.059	1.061	1.066	1.034	1.030	1.099	1.160	1.177	1.196	1.219	1.246
江苏	1.000	1.068	1.053	1.058	1.070	1.029	1.017	1.094	1.160	1.175	1.192	1.212	1.234
浙江	1.000	1.075	1.066	1.066	1.073	1.045	1.040	1.100	1.163	1.187	1.216	1.251	1.291
安徽	1.000	1.081	1.092	1.094	1.097	1.063	1.055	1.133	1.199	1.226	1.260	1.302	1.352
福建	1.000	1.062	1.065	1.066	1.071	1.052	1.052	1.111	1.166	1.183	1.204	1.229	1.257
江西	1.000	1.084	1.095	1.099	1.100	1.065	1.065	1.130	1.202	1.231	1.267	1.312	1.364
山东	1.000	1.068	1.077	1.081	1.084	1.059	1.050	1.111	1.178	1.211	1.252	1.301	1.360
河南	1.000	1.074	1.085	1.084	1.084	1.058	1.049	1.127	1.188	1.226	1.274	1.333	1.406
湖北	1.000	1.073	1.092	1.098	1.109	1.102	1.103	1.168	1.245	1.295	1.355	1.427	1.513

续表

省份	2010年	2011年	2012年	2013年	2014年	2015年	2016年	2017年	2018年	2019年	2020年	2021年	2022年
湖南	1.000	1.072	1.090	1.104	1.121	1.125	1.130	1.194	1.252	1.273	1.296	1.320	1.345
广东	1.000	1.055	1.071	1.086	1.102	1.091	1.094	1.152	1.224	1.275	1.336	1.408	1.492
广西	1.000	1.062	1.068	1.069	1.087	1.074	1.068	1.115	1.165	1.193	1.224	1.259	1.296
海南	1.000	1.064	1.085	1.078	1.084	1.078	1.079	1.123	1.193	1.232	1.280	1.337	1.404
重庆	1.000	1.059	1.078	1.083	1.087	1.067	1.055	1.111	1.167	1.207	1.256	1.316	1.387
四川	1.000	1.052	1.063	1.067	1.072	1.050	1.047	1.128	1.200	1.220	1.243	1.271	1.303
贵州	1.000	1.054	1.070	1.079	1.091	1.074	1.059	1.123	1.182	1.209	1.241	1.277	1.318
云南	1.000	1.046	1.061	1.072	1.083	1.073	1.074	1.127	1.182	1.209	1.241	1.277	1.317
陕西	1.000	1.059	1.087	1.108	1.120	1.107	1.106	1.165	1.227	1.259	1.296	1.339	1.388
甘肃	1.000	1.047	1.069	1.073	1.074	1.050	1.036	1.097	1.148	1.177	1.215	1.260	1.315
青海	1.000	1.065	1.088	1.105	1.115	1.095	1.090	1.157	1.207	1.237	1.272	1.314	1.362
宁夏	1.000	1.075	1.091	1.089	1.098	1.070	1.066	1.129	1.168	1.192	1.219	1.251	1.287
新疆	1.000	1.071	1.077	1.083	1.086	1.068	1.067	1.104	1.145	1.177	1.216	1.263	1.318

注：西藏自治区部分年份数据缺失或未统计，故此表未展示。

资料来源：历年的《中国统计年鉴》。

5.3　要素投入指标的确定

本书采用 SFA3D 模型进行全要素生产率测算。在国外文献中，普遍采用实际 GDP 来衡量总产出，而劳动投入则通常以工作小时数来计算。然而，在查阅中国各类统计年鉴后，我们发现缺乏直接使用工作小时数的数据，这促使中国学者转而采用历年从业人员数量作为劳动投入的替代指标。例如，郭庆旺（2005）的研究中采用了索洛残差法来估算中国的全要素生产率。他选择中国实际 GDP（通过 GDP 指数调整名义 GDP 得到）作为总产出的衡量标准，而劳动投入则直接以历年从业人员数为基础。同样地，于津平和许小雨（2011）在研究长三角地区外资效应下的全要素生产率时，也沿用了这一思路，将实际 GDP 和地区历年从业人员数作为核心指标。赵志耘和杨朝峰（2013）在探索中国全要素生产率时，同样选用了实际 GDP 作为总产出的代表，并以年中就业人员数来量化劳动投入。基于对现有文献的广泛查阅与深入分析，本书最终决定采用以 2010 年为基期年的实际 GDP 和历年从业人员数量作为衡量总产出和劳动投入的主要指标。这一选择既考虑到了数据的可获得性，也确保了研究结果的可靠性与可比性，表 5 - 2 和表 5 - 3 分别报告了各省份的生产总值与就业人员。

表 5 - 2　　　　　　2010 ~ 2023 年我国 31 省份实际生产总值　　　　单位：亿元

省份	2010 年	2011 年	2012 年	2013 年	2014 年	2015 年	2016 年	2017 年	2018 年	2019 年	2020 年	2021 年	2022 年
北京	14113.6	16251.9	17879.4	19800.8	21330.8	23014.6	25669.1	28014.9	30320.0	35371.3	36102.6	40269.6	41610.9
天津	9224.5	11307.3	12893.9	14442.0	15726.9	16538.2	17885.4	18549.2	18809.6	14104.3	14083.7	15695.0	16311.3
河北	20394.3	24515.8	26575.0	28443.0	29421.2	29806.1	32070.5	34016.3	36010.3	35104.5	36206.9	40391.3	42370.4
山西	9200.9	11237.6	12112.8	12665.3	12761.5	12766.5	13050.4	15528.4	16818.1	17026.7	17651.9	22590.2	25642.6
内蒙古	11672.0	14359.9	15880.6	16916.5	17770.2	17831.5	18128.1	16096.2	17289.2	17212.5	17359.8	20514.2	23158.6
辽宁	18457.3	22226.7	24846.4	27213.2	28626.6	28669.0	22246.9	23409.2	25315.4	24909.5	25115.0	27584.1	28975.1
吉林	8667.6	10568.8	11939.2	13046.4	13803.1	14063.1	14776.8	14944.5	15074.6	11726.8	12311.3	13235.5	13070.2

续表

省份	2010 年	2011 年	2012 年	2013 年	2014 年	2015 年	2016 年	2017 年	2018 年	2019 年	2020 年	2021 年	2022 年
黑龙江	10368.6	12582.0	13691.6	14454.9	15039.4	15083.7	15386.1	15902.7	16361.6	13612.7	13698.5	14879.2	15901.0
上海	17166.0	19195.7	20181.7	21818.2	23567.7	25123.5	28178.7	30633.0	32679.9	38155.3	38700.6	43214.9	44652.8
江苏	41425.5	49110.3	54058.2	59753.4	65088.3	70116.4	77388.3	85869.8	92595.4	99631.5	102719.0	116364.2	122875.6
浙江	27722.3	32318.9	34665.3	37756.6	40173.0	42886.5	47251.4	51768.3	56197.2	62351.7	64613.3	73515.8	77715.4
安徽	12359.3	15300.7	17212.1	19229.3	20848.8	22005.6	24407.6	27018.0	30006.8	37114.0	38680.6	42959.2	45045.0
福建	14737.1	17560.2	19701.8	21868.5	24055.0	25979.8	28810.6	32182.1	35804.0	42395.0	43903.9	48810.4	53109.9
江西	9451.3	11702.8	12948.9	14410.2	15714.6	16723.8	18499.0	20006.3	21984.8	24757.5	25691.5	29619.7	32074.7
山东	39169.9	45361.9	50013.2	55230.3	59426.6	63002.3	68024.5	72634.1	76469.7	71067.5	73129.0	83095.9	87435.1
河南	23092.4	26931.0	29599.3	32191.3	34938.2	37002.2	40471.8	44552.8	48055.9	54259.2	54997.1	58887.4	61345.1
湖北	15967.6	19632.3	22250.5	24791.8	27379.2	29550.3	32665.4	35478.1	39366.6	45828.3	43443.5	50012.9	53734.9
湖南	16038.0	19669.6	22154.2	24621.7	27037.3	28902.2	31551.4	33903.0	36425.8	39752.1	41781.6	46063.1	48670.4
广东	46013.1	53210.3	57067.9	62474.8	67809.9	72812.6	80854.9	89705.2	97277.8	107671.1	110760.9	124369.7	129118.6
广西	9569.9	11720.9	13035.1	14449.9	15672.9	16803.1	18317.6	18523.3	20352.5	21237.1	22156.7	24740.9	26300.9
海南	2064.5	2522.7	2855.5	3177.6	3500.7	3702.8	4053.2	4462.5	4832.1	5308.9	5532.4	6475.2	6818.2
重庆	7925.6	10011.4	11409.6	12783.3	14262.6	15717.3	17740.6	19424.7	20363.2	23605.8	25002.8	27894.0	29129.0
四川	17185.5	21026.7	23872.8	26392.1	28536.3	30053.1	32934.5	36980.2	40678.1	46615.8	48598.8	53850.8	56749.8
贵州	4602.2	5701.8	6852.2	8086.9	9266.4	10502.6	11776.7	13540.8	14806.5	16769.3	17826.6	19586.4	20164.6
云南	7224.2	8893.1	10309.5	11832.3	12814.6	13619.2	14788.4	16376.3	17881.1	23223.8	24521.9	27146.8	28954.2
西藏	507.5	605.8	701.0	815.7	920.8	1026.4	1151.4	1310.9	1477.6	1697.8	1902.7	2080.2	2132.6
陕西	10123.5	12512.3	14453.7	16205.1	17689.1	18021.9	19399.6	21898.8	24438.3	25793.2	26181.9	29801.0	32772.7
甘肃	4120.8	5020.4	5650.2	6330.7	6836.8	6790.3	7200.4	7459.9	8246.1	8718.3	9016.7	10243.3	11201.6
青海	1350.4	1670.4	1893.5	2122.1	2303.3	2417.1	2572.5	2624.8	2865.2	2966.0	3005.9	3346.6	3610.1
宁夏	1689.7	2102.2	2341.3	2577.6	2752.1	2911.8	3168.6	3443.6	3705.2	3748.5	3920.6	4522.3	5069.6
新疆	5437.5	6610.1	7505.3	8443.3	9273.5	9324.8	9649.7	10882.0	12199.1	13597.1	13797.6	15983.6	17741.3

资料来源：历年的《中国统计年鉴》。

表 5 - 3　　　　　　　　　**2010～2022 年我国 31 省份就业人员数**　　　　　　　单位：万人

省份	2010 年	2011 年	2012 年	2013 年	2014 年	2015 年	2016 年	2017 年	2018 年	2019 年	2020 年	2021 年	2022 年
安徽	4050.0	4120.9	4206.8	4275.9	4311.0	4342.1	4361.6	4377.9	4385.3	4384.0	3243.0	3215.0	3176.0
北京	1067.3	1090.1	1115.3	1137.2	1141.8	1164.4	1187.6	1191.3	1189.6	1183.5	1164.0	1158.0	1132.0
福建	2114.0	2181.0	2202.0	2200.0	2219.0	2255.0	2248.0	2236.0	2222.0	2210.0	2206.0	2197.0	2174.0

续表

省份	2010 年	2011 年	2012 年	2013 年	2014 年	2015 年	2016 年	2017 年	2018 年	2019 年	2020 年	2021 年	2022 年
甘肃	1397.0	1379.0	1358.0	1352.0	1348.0	1346.0	1341.0	1337.0	1337.0	1333.0	1331.0	1319.0	1307.0
广东	6051.0	6087.0	6171.0	6273.0	6428.0	6566.0	6703.0	6858.0	6960.0	6995.0	7039.0	7072.0	6904.0
广西	2666.0	2936.0	2768.3	2782.3	2795.0	2595.0	2583.0	2566.0	2562.0	2558.0	2558.0	2544.0	2508.0
贵州	1770.9	1792.8	1825.8	1864.2	1909.7	1946.7	1983.7	2023.2	1886.0	1888.0	1892.0	1886.0	1878.0
海南	457.7	465.2	475.9	490.6	504.1	510.8	513.1	525.9	535.5	536.1	541.0	544.0	531.0
河北	4135.0	4087.0	4063.0	4032.0	3978.0	3927.0	3871.0	3795.0	3739.0	3702.0	3671.0	3643.0	3580.0
河南	5156.0	5129.0	5110.0	5094.0	5082.0	5075.0	5052.0	5029.0	4992.0	4934.0	4884.0	4840.0	4782.0
黑龙江	2102.0	1977.8	2027.8	2060.4	1946.0	1825.0	1776.0	1699.0	1635.0	1551.0	1473.0	1420.0	1351.0
湖北	3375.0	3387.0	3398.0	3404.0	3408.0	3398.0	3385.0	3379.0	3377.0	3375.0	3261.0	3286.0	3243.0
湖南	3982.7	4005.0	4019.3	4036.5	4044.1	3980.3	3920.4	3817.2	3738.6	3666.5	3280.0	3258.0	3219.0
吉林	1564.0	1525.0	1490.0	1457.0	1427.0	1399.0	1368.0	1339.0	1314.0	1286.0	1261.0	1228.0	1185.0
江苏	4724.7	4749.2	4770.5	4791.9	4812.8	4832.5	4850.2	4872.8	4886.9	4903.2	4893.0	4863.0	4805.0
江西	2388.0	2378.0	2364.0	2362.0	2348.0	2338.0	2332.0	2317.0	2295.0	2278.0	2264.0	2242.0	2193.0
辽宁	2317.5	2364.9	2423.8	2518.9	2562.2	2409.9	2301.2	2284.7	2260.6	2238.4	2231.0	2190.0	2122.0
内蒙古	1398.0	1388.0	1379.0	1370.0	1360.0	1351.0	1326.0	1317.0	1304.0	1272.0	1242.0	1218.0	1190.0
宁夏	342.0	347.0	344.0	345.0	344.0	343.0	343.0	344.0	345.0	343.0	344.0	345.0	336.0
青海	310.0	304.0	299.0	296.0	293.0	292.0	289.0	287.0	285.0	282.0	279.0	277.0	256.0
山东	5940.0	5915.0	5892.0	5840.0	5798.0	5773.0	5728.0	5693.0	5621.0	5561.0	5510.0	5475.0	5338.0
山西	1802.0	1817.0	1834.0	1855.0	1842.0	1827.0	1832.0	1812.0	1789.0	1762.0	1738.0	1715.0	1672.0
陕西	2083.0	2087.0	2091.0	2090.0	2101.0	2107.0	2111.0	2111.0	2112.0	2114.0	2105.0	2091.0	2066.0
上海	1090.8	1104.3	1115.5	1368.9	1365.6	1361.5	1365.2	1372.7	1375.7	1376.2	1374.0	1365.0	1347.0
四川	4772.5	4650.0	4635.0	4634.0	4638.0	4652.0	4657.0	4667.0	4690.0	4714.0	4745.0	4727.0	4706.0
天津	667.0	677.0	693.0	711.0	718.0	718.0	705.0	684.0	672.0	659.0	647.0	641.0	621.0
西藏	169.0	171.0	174.0	175.0	176.0	181.0	185.0	187.0	187.0	190.0	193.0	194.0	192.0
新疆	1213.0	1235.0	1246.0	1260.0	1265.0	1292.0	1320.0	1336.0	1331.0	1343.0	1356.0	1360.0	1273.0
云南	2794.0	2844.0	2835.0	2835.0	2859.0	2823.0	2855.0	2831.0	2822.0	2812.0	2806.0	2774.0	2735.0
浙江	3352.0	3385.0	3407.0	3436.0	3459.0	3505.0	3552.0	3613.0	3691.0	3771.0	3857.0	3897.0	3885.0
重庆	1551.0	1587.0	1605.9	1618.7	1632.1	1647.4	1658.3	1659.3	1663.2	1668.2	1676.0	1668.0	1644.0

资料来源：历年的《中国统计年鉴》。

5.4　全要素生产率的估算结果

经过上述分析与论证，本书选定 SFA3D 模型作为估算中国全要素生产率的主要工具。该模型以其独特的优势，能够精准地描绘出生产前沿面的动态变化，并据此精确计算出 TFP 的数值。通过对比实际产出与理论上的最大潜在产出，SFA3D 模型能够深入剖析各决策单元（如省级、企业等）的运作效率与潜在提升空间。尤为重要的是，该模型还创新性地引入了随机误差项的考量，从而进一步提升了估算结果的精确性与稳健性。

TFP 作为衡量经济体增长质量与效率的核心指标，其数值的变动不仅反映技术进步与资源配置效率的提升情况，还深刻揭示经济体在创新能力培养与激发方面的成效与努力。本书运用 SFA3D 模型计算得出 TFP 指标，提供了一个全面而深入的视角来审视我国及 31 省份在特定时间框架内的综合表现。这不仅有助于我们更好地理解经济体的运行规律与发展趋势，还为制定科学合理的政策措施提供了坚实的数据支撑与理论依据。我国及 31 省份的全要素生产率估算结果分别如表 5 - 4 和表 5 - 5 所示。

表 5 - 4　　　　2011 ~ 2012 年我国全要素生产率以及分解测算结果

年份	全要素生产率（TFP）	技术效率（TEC）	技术进步（TC）
2011	0.949	0.958	0.991
2012	0.922	0.96	0.96
2013	0.907	0.947	0.958
2014	0.89	0.93	0.957
2015	0.917	0.949	0.966
2016	0.926	0.952	0.973
2017	0.946	0.978	0.967
2018	0.979	0.992	0.987

续表

年份	全要素生产率（TFP）	技术效率（TEC）	技术进步（TC）
2019	0.994	1.004	0.99
2020	0.992	1.012	0.98
2021	0.981	1.006	0.93
2022	0.974	1.002	0.912

表 5 - 5　　　　　2012 ~ 2022 年我国省域全要素生产率

省份	2012 年	2013 年	2014 年	2015 年	2016 年	2017 年	2018 年	2019 年	2020 年	2021 年	2022 年
北京	1.011	1.003	1.001	1.02	1.035	1.082	1.081	1.075	1.077	1.066	1.054
天津	1.107	1.087	1.076	1.051	1.046	1.037	1.013	1.013	1.027	1.011	1.005
河北	0.972	0.941	0.926	0.914	0.923	0.937	1.058	1.068	1.07	1.041	1.028
山西	0.947	0.928	0.909	0.914	0.939	1.017	1.083	1.078	1.068	1.034	1.013
内蒙古	0.966	0.946	1.016	1.073	1.072	1.065	1.035	1.047	1.047	0.997	0.981
辽宁	0.948	0.922	1.026	1.057	1.028	1.005	1.042	1.056	1.054	1.006	1.002
吉林	0.978	0.936	0.949	0.973	1.06	1.064	1.051	1.043	1.029	1.022	1.008
黑龙江	0.976	0.925	0.908	0.949	0.96	1.017	1.024	1.043	1.059	1.027	1.012
上海	1.041	1.034	1.035	1.027	1.024	1.023	1.028	1.03	1.033	1.013	1.005
江苏	0.984	0.964	0.95	0.942	0.993	1.06	1.068	1.063	1.056	1.034	1.019
浙江	1.008	0.971	0.957	0.945	0.945	0.974	0.996	1.058	1.072	1.04	1.01
安徽	0.96	0.933	0.925	0.918	0.921	0.934	0.967	1.021	1.093	1.056	1.029
福建	0.975	0.943	0.924	0.917	0.967	1.079	1.08	1.082	1.074	1.031	1.023
江西	0.96	0.952	0.937	0.932	0.924	0.932	0.961	1.043	1.081	1.04	1.027
山东	0.982	0.962	0.949	0.94	0.932	0.97	1.076	1.066	1.056	1.038	1.017
河南	0.963	0.941	0.924	0.922	0.917	0.942	0.966	0.984	1.088	1.035	1.012
湖北	0.968	0.942	0.939	0.917	0.944	0.961	0.967	1.062	1.068	0.942	0.913
湖南	0.949	0.934	0.92	0.919	0.914	0.931	0.96	0.976	1.014	1.061	1.029
广东	1.002	0.986	0.974	1.014	1.027	1.02	1.024	1.029	0.969	1.021	1.017
广西	0.924	0.91	0.908	0.907	0.905	0.909	0.928	0.942	1	1.053	1.042
海南	0.947	0.911	0.901	0.904	0.914	0.921	0.938	0.984	1.014	0.991	0.941
重庆	0.999	0.983	0.959	0.945	0.943	0.949	1.016	1.075	1.078	1.054	1.021

续表

省份	2012 年	2013 年	2014 年	2015 年	2016 年	2017 年	2018 年	2019 年	2020 年	2021 年	2022 年
四川	0.993	0.96	0.941	0.933	0.936	0.939	0.963	0.977	0.977	0.959	0.932
贵州	0.957	0.914	0.901	0.895	0.895	0.896	0.919	0.929	0.957	1.006	1.002
云南	0.982	0.952	0.938	0.914	0.919	0.917	0.936	0.95	0.958	0.934	0.918
陕西	0.961	0.939	0.914	0.918	0.921	0.928	1.02	1.073	1.052	1.014	1.009
甘肃	0.942	0.917	0.904	0.89	0.901	0.911	0.998	1.038	1.037	1.01	0.92
青海	0.965	0.927	0.909	0.898	0.903	0.955	0.963	0.969	0.969	0.942	0.931
宁夏	0.981	0.941	0.913	0.899	0.918	0.922	0.917	0.922	0.946	0.964	0.951
新疆	0.981	0.937	0.921	0.909	0.908	0.945	0.963	1.018	1.021	0.996	0.935

注：西藏自治区部分年份原始数据缺失或未统计，故未计算其全要素生产率。

第6章 新发展格局下双向 FDI 及其协同发展对中国全要素生产率影响的实证分析

6.1 基准回归与实证检验

本章将深入探讨双向 FDI,包括外商直接投资(IFDI)与对外直接投资(OFDI),对我国全要素生产率的潜在影响,并进行实证分析。为实现此研究目标,本章选择 2012～2022 年我国内地 30 个省份的省级面板数据作为分析基础,利用 Stata16.0 计量分析软件对新发展格局下双向 FDI 发展影响中国全要素生产率影响做实证分析。鉴于西藏地区数据缺失情况较为严重,将其从样本中剔除,以确保数据的完整性和准确性。同时,对于部分数据披露不够详尽的省份,采用了补充策略,通过整合城市层面的数据以及企业微观数据,来填补这些空白,从而构建了一个更为全面和平衡的面板数据集。在实证研究中,将采用静态模型回归、双向固定效应回归等方法进行分析。

6.1.1 数据说明与模型构建

本章引用的数据来源于《中国统计年鉴》《中国外商投资报告》以及各

省份的统计年鉴等政府部门公布的资料。在确定了数据集之后，本章进一步通过豪斯曼检验和 F 检验等统计方法，对模型的选择进行严谨的考量，最终，选择固定效应模型作为本次实证分析的主要工具，该模型能够更好地捕捉数据中的个体差异和时间变化效应。

具体而言，本章构建了三个模型来分别考察 IFDI、OFDI 以及它们共同作用下对 TFP 的影响。模型设置如下：

模型（6-1）专注于 IFDI 的单独效应，形式为：

$$TFP_{it} = \alpha_0 + \alpha_1 IFDI_{it} + \beta Control_{it} + \mu_i + \sigma_t + \varepsilon_{it} \tag{6-1}$$

模型（6-2）侧重于 OFDI 的单独效应，形式为：

$$TFP_{it} = \alpha_0 + \alpha_2 OFDI_{it} + \beta Control_{it} + \mu_i + \sigma_t + \varepsilon_{it} \tag{6-2}$$

模型（6-3）则综合考察 IFDI 和 OFDI 的协同发展，形式为：

$$TFP_{it} = \alpha_0 + \alpha_{1i} IFDI_{it} + \alpha_{2i} OFDI_{it} + \beta Control_{it} + \mu_i + \sigma_t + \varepsilon_{it} \tag{6-3}$$

在上述模型中，下标 i 代表不同的地区，t 代表不同的年份；TFP_{it} 作为被解释变量，代表地区 i 在 t 年的全要素生产率；主要解释变量 $IFDI_{it}$ 和 $OFDI_{it}$ 则分别代表地区 i 在 t 年的外商直接投资和对外直接投资。此外，引入控制变量 $Control_{it}$，以考虑可能影响 TFP 的其他因素。μ_i 代表地区固定效应，用于捕捉地区间不随时间变化的差异；σ_t 代表时间固定效应，用于捕捉随时间变化但不随地区变化的趋势；而 ε_{it} 则为误差项，代表模型未能解释的随机扰动。

通过这三个模型，我们将重点关注 IFDI 和 OFDI 的系数 α_1 和 α_2。这些系数的正负和大小将直接反映双向 FDI 对我国 TFP 的影响方向和程度。如果系数为正，则说明双向 FDI 对 TFP 的提升具有积极的促进作用；如果系数为负，则表明双向 FDI 可能对 TFP 产生抑制效果。这一研究不仅有助于我们更深入地理解双向 FDI 在推动我国发展中的作用机制，还将为相关政策制定提供有力的数据支持和决策参考。

6.1.2　变量选择与描述性统计

本章的核心解释变量为 IFDI 和 OFDI。其中，IFDI 表示各省份每年实际吸收外商直接投资总额，数据来源于各省份统计年鉴；OFDI 表示各省份的对外直接投资额，数据来源于国家统计局和历年《中国对外直接投资统计公报》。本章的核心被解释变量为用 SFA3D 方法计算的全要素生产率（TFP）。详细计算过程已在第 5 章详细论述，此处不再展开说明。中介变量为研发水平，控制变量包括经济发展水平、人力资本水平、金融发展水平、对外开放水平、产业结构与政府干预程度。各变量的具体含义如表 6 - 1 所示。

表 6 - 1　　　　　　　　　　变量及其含义

变量类型	变量名称	变量符号	变量含义
被解释变量	全要素生产率	TFP	采用 SFA3D 方法可得
解释变量	外商直接投资	IFDI	各省份外商投资使用额取对数
	对外直接投资	OFDI	各省份对外投资额取对数
中介变量	研发水平	RD	各省份研发经费内部支出与地区生产总值的比值
控制变量	经济发展水平	PGDP	各省份的人均生产总值
	人力资本水平	HUM	各省份高等学校在校生人数占当地总人口的比重
	金融发展水平	FIN	各省份金融机构贷款余额与地区生产总值的比值
	对外开放水平	OPEN	各省份货物进出口总额占地区生产总值的比重
	产业结构	IND	各省份第三产业增加值占地区生产总值的比重
	政府干预程度	GOV	各省份地方财政一般预算支出与地区生产总值的比值

基于全部样本数据，各变量的描述性统计结果（见表 6 - 2）显示，全要素生产率的变异性较小，平均值接近于 1，说明整体的全要素生产率较为集中。外商直接投资（IFDI）的平均值较高且有一定变异，表明各省份间的外商直接投资存在较大差异。对外直接投资（OFDI）的变异性也较为显著，表明对外直接投资在不同地区间差异较大。研发水平（RD）的均值较

低且变异性大，说明不同省份的研发投入存在较大差距。其他变量均显示了不同程度的平均水平和变异性，反映了不同地区的经济发展水平、金融发展和产业结构的差异性。

表6－2   描述性统计

变量	观测值	平均值	标准差	最小值	最大值
TFP	270	0.979	0.057	0.890	1.107
IFDI	279	14.576	1.853	7.990	18.532
OFDI	279	11.387	1.781	0.693	14.690
RD	279	0.017	0.011	0.002	0.064
INV	279	10.055	1.589	4.796	13.473
PGDP	279	5.509	2.709	1.895	16.416
HUM	279	0.020	0.005	0.009	0.041
FIN	279	3.488	1.137	1.784	7.578
OPEN	279	0.261	0.274	0.008	1.354
IND	279	0.501	0.087	0.345	0.837
GOV	279	0.299	0.210	0.120	1.354

6.1.3 基准回归结果分析

在研究线性回归模型时，若解释变量间存在完全或近似的线性关系，将导致回归系数估计的不稳定性。这种现象会增加参数估计的标准误差，降低估计值的精确度，使得数据的微小波动可能引起回归系数估计值的显著变动，并可能干扰对变量间关系的精确分析，进而影响研究结论及政策建议的可靠性。为解决此问题，实施多重共线性检验是必要的，该检验有助于识别和量化自变量间的相关性，以避免回归分析中出现的误差和不精确结果。多重共线性检验的具体结果如表6－3所示，可以发现，VIF值均小于10，说明本书的变量之间不存在多重共线性。

表 6 - 3　　　　　　　　　　多重共线性检验

变量	VIF	1/VIF
FIN	7.57	0.13
RD	7.37	0.14
GOV	6.82	0.15
IND	6.17	0.16
PGDP	4.99	0.20
IFDI	4.76	0.21
INV	4.31	0.23
OPEN	3.65	0.27
OFDI	3.37	0.30
HUM	1.61	0.62

本研究运用 Stata16.0 软件进行回归分析。表 6 - 4 显示了基准回归结果。其中，列（1）展示了在未纳入控制变量时，IFDI 对 TFP 影响的回归结果，列（2）呈现了在纳入控制变量后 IFDI 对 TFP 影响的回归结果；列（3）和列（4）分别代表了在未纳入和纳入控制变量时，OFDI 对 TFP 影响的回归结果；列（5）和列（6）分别展示了在未纳入和纳入控制变量时，双向 FDI 协同发展水平对 TFP 影响的回归结果。

表 6 - 4　　　　　　　　　　基准回归结果

项目	(1)	(2)	(3)	(4)	(5)	(6)
IFDI	0.004 ***	0.001 ***			0.005 **	0.002 ***
	(2.79)	(3.19)			(2.20)	(3.40)
OFDI			0.0074 *	0.0071 *	0.008 **	0.007 *
			(1.72)	(1.88)	(2.24)	(1.91)
PGDP		-0.000		0.002		0.001
		(-0.03)		(0.33)		(0.27)
HUM		-4.692 *		-5.050 **		-5.013 **
		(-1.88)		(-2.04)		(-2.02)
FIN		0.022		0.017		0.018
		(1.64)		(1.24)		(1.29)

项目	（1）	（2）	（3）	（4）	（5）	（6）
OPEN		0.085 *		0.088 **		0.087 **
		(1.96)		(2.05)		(2.01)
IND		0.112		0.147		0.148
		(0.71)		(0.93)		(0.94)
GOV		0.209		0.228 *		0.209
		(1.55)		(1.82)		(1.56)
_cons	0.926 ***	0.852 ***	1.064 ***	0.935 ***	0.986 ***	0.912 ***
	(14.02)	(7.40)	(21.50)	(9.10)	(13.93)	(7.69)
省份	控制	控制	控制	控制	控制	控制
年份	控制	控制	控制	控制	控制	控制
N	270	270	270	270	270	270
R^2	0.521	0.567	0.012	0.573	0.531	0.574
F	27.901	19.609	2.961	20.147	26.046	18.827

注：括号内为 t 值，* 、** 、*** 分别表示通过了 10%、5% 和 1% 显著性水平检验。

由表 6-4 可知，加入控制变量之后，IFDI 对全要素生产率的影响的回归系数由 0.004 下降到 0.001，OFDI 对全要素生产率的影响的回归系数由 0.0074 下降到 0.0071，双向 FDI 协同发展水平对全要素生产率的影响的回归系数也降低了。表中结果显示，IFDI 与全要素生产率之间的回归系数在 1% 水平上显著为正，OFDI 与全要素生产率之间的回归系数在 10% 水平上显著为正。这表明 IFDI 和 OFDI 均促进全要素生产率的提升。同时，OFDI 的回归系数大于 IFDI 的回归系数，表明对外直接投资对全要素生产率的提升作用更明显，具体而言，IFDI 增加 1% 将有利于全要素生产率提升约 0.004%，OFDI 增加 1% 有利于全要素生产率约提升 0.007%。这可能是由于以下原因：相较于 IFDI，OFDI 有助于我国优化全球资源配置和产业链布局，通过在资源丰富或技术先进的地区投资，可以提高整体的生产效率和成本效益。随着我国国际化战略的深化，对外直接投资成为企业提升国际竞争力的重要途径，我国在这一过程中更加注重长期发展和可持续性，从而推动了全要素生产率的提升。这些原因表明，我国对外直接投资不仅仅是资本输出，更是技术、管理知识和国际化经验的输入，这些因素共同作用于国内生产体系，有助于提升全要素生产率。

6.2　内生性和稳健性检验

在模型中，一个或多个解释变量与扰动项之间的相互作用可能产生内生性问题。此类问题可能导致模型估计结果的不准确性或产生误导性的结论。全要素生产率与双向 FDI 水平的提升之间可能存在密切的双向因果关系，这种关系可能引发内生性问题。在本章的计量模型中，全要素生产率作为被解释变量，存在遗漏解释变量与误差项相关联的可能性，从而导致内生性问题。因此，本章将先处理内生性问题，保证实证结果的有效性。

6.2.1　内生性问题

使用工具变量可以有效避免内生性问题，本章将采用工具变量法，从而获得一致的估计量。运用 2SLS 工具变量法，在第一阶段，使用工具变量对内生变量进行回归以获得预测值；在第二阶段，将预测值与因变量进行回归。在选择工具变量时，本章以双向 FDI 滞后一期作为工具变量进行实证检验。该工具变量能够满足以下两个基本条件：一是与模型内生变量相关，因为其滞后一期是双向 FDI 发展的基础，两者之间具有高度的相关协同性；二是与误差项无关。内生性检验结果与稳健性检验（考虑时间趋势项与虚拟变量的影响）结果如表 6 – 5 所示。

表 6-5   内生性排除结果与稳健性检验结果

项目	(1) 第一阶段	(2) 第一阶段	(3) 第二阶段	(4) 时间趋势项	(5) 时间虚拟变量
l. IFDI	0.527 *** (8.42)				
l. OFDI		0.340 *** (5.67)			
IFDI			0.007 ** (2.27)	0.002 ** (2.40)	0.004 *** (2.90)
OFDI			0.006 ** (2.03)	0.007 * (1.91)	0.007 ** (2.02)
PGDP	0.033 (0.47)	0.127 (1.09)	0.012 *** (5.94)	0.001 (0.27)	0.036 *** (3.16)
HUM	−43.525 (−1.40)	−92.252 * (−1.74)	2.886 *** (4.61)	−5.013 ** (−2.02)	−8.692 *** (−3.13)
FIN	−0.266 * (−1.78)	0.226 (0.90)	0.001 (0.18)	0.018 (1.29)	0.036 *** (2.63)
OPEN	0.041 (0.07)	0.676 (0.64)	−0.009 (−0.51)	0.087 ** (2.01)	−0.079 (−1.22)
IND	−2.520 (−1.36)	−0.265 (−0.08)	−0.018 (−0.24)	0.148 (0.94)	0.086 (0.51)
GOV	3.274 ** (2.08)	0.305 (0.12)	0.053 (0.98)	0.209 (1.56)	0.209 (1.56)
_cons	10.450 *** (5.05)	7.425 ** (2.10)	0.818 *** (13.37)	0.942 *** (7.17)	0.837 *** (5.81)
省份	控制	控制	控制	控制	控制
年份	控制	控制	控制	控制	控制
N	248	248	270	270	270
R^2	0.964	0.873	0.433	0.574	0.622

注: 括号内为 t 值, * 、 ** 、 *** 分别表示通过了 10% 、5% 和 1% 显著性水平检验。

（1）第一阶段回归。通过使用滞后一期的 IFDI 和 OFDI 作为工具变量，回归结果表明这些工具变量是显著的。滞后一期的外商直接投资（l. IFDI）的系数为 0.527，通过了 1% 的显著性水平，表明它是一个强有力的工具变量。滞后一期的对外直接投资（l. OFDI）的系数为 0.340，也通过了 1% 的显著性水平。这说明滞后一期的投资数据可以有效解释当前的 IFDI 和 OFDI，因此这些工具变量是有效的。

（2）第二阶段回归。第二阶段使用了工具变量估计当前的外商直接投资（IFDI）和对外直接投资（OFDI）对全要素生产率（TFP）的影响。IFDI 的系数为 0.007，通过了 5% 的显著性水平，表明外商直接投资在内生性问题得到控制后仍对 TFP 有显著正向影响。OFDI 的系数为 0.006，通过了 5% 的显著性水平，说明对外直接投资对生产率的影响也在内生性控制后保持显著正向。这些结果表明，在解决了内生性问题后，IFDI 和 OFDI 对全要素生产率的促进作用依然存在，并且相对稳健。

（3）时间趋势项与虚拟变量的影响。引入时间趋势项和虚拟变量后，外商直接投资的系数为 0.004，依然为正，且通过 1% 的显著性水平。这表明时间因素和区域固定效应不会改变 IFDI 对生产率的正向影响。

总体来看，内生性问题的分析通过使用滞后一期的工具变量成功解决了 IFDI 和 OFDI 的内生性问题，验证了它们对全要素生产率的显著正向影响。同时，控制其他变量的内生性后，经济发展水平和人力资本水平也表现出对全要素生产率的正向影响。这说明即使在内生性问题得到解决后，外商直接投资和对外直接投资仍是提升全要素生产率的重要因素。

6.2.2　稳健性检验

鉴于除核心解释变量双向 FDI 外，其他影响全要素生产率的因素亦可能随时间产生趋势性变化，进而对研究结果产生干扰，本研究在基准回归模型中纳入了控制变量与时间趋势的三阶多项式以及时间虚拟变量的交互项。旨在控制全要素生产率潜在影响因素的时间趋势效应，以解决不同地区变

化趋势的不一致性问题。具体模型设定如下:

$$TFP_{it} = \alpha_0 + \alpha_1 IFDI_{it} + \alpha_2 OFDI_{it} + \beta Control_{it} + D(control \times F(t)) + \mu_i + \varepsilon_{it}$$

$$(6-4)$$

$$TFP_{it} = \alpha_0 + \alpha_1 IFDI_{it} + \alpha_2 OFDI_{it} + \beta control_{it} + D(control \times \sigma_t) + \mu_i + \varepsilon_{it}$$

$$(6-5)$$

在本研究的模型设定中, $F(t)$ 被设定为时间趋势函数的三阶多项式, 具体采用时间趋势的 1~3 阶项进行表征。变量 σ_t 代表时间虚拟变量。其余变量与基准回归模型保持一致。详细回归分析结果已在表 6-5 中呈现。具体而言, 表 6-5 的列 (4) 展示了在引入控制变量与时间趋势三阶多项式交互项后, 双向 FDI 对全要素生产率影响的回归结果; 列 (5) 则展示了在加入控制变量与时间虚拟变量交互项后的回归结果。由表 6-5 可以观察到, 在控制了潜在影响因素的时间趋势后, 显著性水平并未出现显著变化, 这表明先前的基准回归结果具有稳健性。

为了全面分析稳健性问题, 其他的稳健性检验如表 6-6 所示, 从替换被解释变量、剔除新冠疫情影响、剔除极端值三个方面进行稳健性检验, 详细分析如下。

表 6-6　　　　　　　　　剔除相关因素的稳健性检验结果

项目	(1)	(2)	(3)
	替换被解释变量	剔除新冠疫情影响	剔除极端值
IFDI	0.024 ***	0.008 ***	0.003 ***
	(3.47)	(3.07)	(3.62)
OFDI	0.014 ***	0.009 **	0.007 *
	(3.49)	(2.26)	(1.89)
PGDP	-0.020	-0.002	0.004
	(-1.05)	(-0.36)	(0.77)
HUM	1.351	-8.324 ***	-3.069
	(0.16)	(-3.00)	(-1.25)

项目	(1)	(2)	(3)
	替换被解释变量	剔除新冠疫情影响	剔除极端值
FIN	0.038	0.021	0.019
	(1.00)	(1.34)	(1.40)
OPEN	0.233	0.027	0.096**
	(1.54)	(0.59)	(2.15)
IND	0.803*	0.030	0.150
	(1.69)	(0.18)	(0.95)
GOV	−0.513	0.131	0.232*
	(−1.22)	(0.90)	(1.77)
_cons	0.517	1.121***	0.832***
	(1.30)	(8.09)	(7.03)
省份	控制	控制	控制
年份	控制	控制	控制
N	279	240	270
R²	0.240	0.521	0.574
F	4.582	14.130	18.833

注：括号内为 t 值，*、**、*** 分别表示通过了 10%、5% 和 1% 显著性水平检验。

首先，替换被解释变量。由表 6-6 中的列（1）可知，外商直接投资（IFDI）和对外直接投资（OFDI）对全要素生产率（TFP）的影响仍然显著。IFDI 的系数为 0.024，OFDI 的系数为 0.014，均通过了 1% 显著性检验。这表明即使在替换了被解释变量后，外商直接投资和对外投资对生产率的影响依然存在。其次，剔除新冠疫情影响。表 6-6 中的列（2）显示，剔除 2020 年数据后，IFDI 和 OFDI 的系数仍然显著，分别为 0.008 和 0.009。这表明疫情的影响不会改变外商直接投资和对外投资对生产率的正向影响。最后，剔除极端值。表 6-6 的列（3）显示，剔除极端值后，IFDI 和 OFDI 的回归系数仍然为正，且显著，进一步验证了结论的稳健性。IFDI 的系数为 0.003，OFDI 的系数为 0.007。通过这些检验，可以得出结论：无论是替换变量、剔除新冠疫情影响还是剔除极端值，外商直接投资和对外直接投资对全要素生产率的促进作用都是稳健的。

6.3 门槛效应分析

根据基准回归分析与稳健性检验分析，本研究发现双向 FDI 对全要素生产率具有显著的正向促进效应。在新发展格局背景下，双向 FDI 的重心逐渐转向质量层面。如何设置双向 FDI 门槛变量？如何设置双向 FDI 的引进来或走出去门槛？这些问题是当前新发展格局下需要解决的。为深入分析其他门槛变量对双向 FDI 与 TFP 关系的影响，本研究将考虑环境规制、社会消费水平以及工业化水平（黄庆华等，2018；邹蔚和然夏勇，2024）三个门槛变量的影响。本研究认为这些门槛变量的存在使得双向 FDI 对 TFP 的促进作用表现出异质性特征，并构建如下门槛回归模型：

$$TFP_{it} = \alpha + \beta_1 FDI_{it}(\gamma_{it} \leq \mu) + \beta_2(\gamma_{it} > \mu)FDI_{it} + \delta X_{it} + \mu_i + \lambda_t + \varepsilon_{it}$$

$$(6-6)$$

其中：μ_i 表示门槛变量，i 表示地区；t 表示年份；TFP_{it} 为全要素生产率水平；FDI_{it} 为双向 FDI（IFDI 与 OFDI）；a 为截距项；δ 表示控制变量 X_{it} 的系数向量；μ_i 为地区固定效应；λ_t 为时间固定效应；ε_{it} 为随机误差项。

6.3.1 IFDI 的门槛效应分析

6.3.1.1 门槛效应检验

在进行外商直接投资门槛回归之前，先对门槛效应进行检验，确定本章假设中三个门槛变量的门槛效应是否存在，并确定相应门槛数和具体门槛位置。表 6-7 报告了分别使用环境规制（ENV）、社会消费水平

（COST）和工业化水平（INDU）作为门槛变量的门槛检验结果。由表 6 -
7 可知，以三个变量为门槛变量进行单门槛和双门槛检验时，所得 F 统计
量和 P 值均通过了单门槛效应检验，但没有通过双门槛效应检验，说明三
个门槛变量在外商直接投资影响全要素生产率发展上均存在显著单门槛
效应。

表 6 -7　　　　　　　　　　　　单门槛和双门槛检验

门槛变量	门槛数	F 值	P 值	临界值		
				10%	5%	1%
ENV	单门槛	30.42	0.002	18.8114	23.4577	30.1651
	双门槛	2.83	0.810	8.8748	10.1878	14.1451
COST	单门槛	29.46	0.001	19.4364	22.716	29.6193
	双门槛	13.02	0.133	14.4397	15.9015	21.1377
INDU	单门槛	17.86	0.043	15.8213	17.7728	24.2898
	双门槛	8.47	0.250	12.2858	14.3056	20.7816

注：P 值和临界值为 Bootstrap 法模拟 300 次获得。

　　表 6 -8 报告的是三个门槛变量的门槛估计值。其中，环境规制的单一
门槛值为 0.1201，社会消费水平的单一门槛值为 0.3095，工业化水平的单
一门槛值为 0.1503。这意味着当地环境规制、社会消费水平和工业化水平
分别越过 0.1201、0.3095、0.1503 时，核心解释变量的回归系数 β 将会发
生显著变化。

表 6 -8　　　　　　　　　　三个门槛变量的门槛估计值

门槛变量	门槛数量	门槛估计值	95% 置信区间	
			下限	上限
ENV	单门槛	0.1201	0.0935	0.1527
COST	单门槛	0.3095	0.3041	0.3106
INDU	单门槛	0.1503	0.1416	0.1624

6.3.1.2　门槛回归结果

　　本章在分别确立门槛效应存在、门槛数和相应的门槛值后，再进行门

槛回归，探讨外商直接投资与全要素生产率之间的门槛效应。门槛回归结果如表 6 – 9 所示，其中，列（1）、列（2）和列（3）分别为以环境规制、社会消费水平和工业化水平为门槛变量的回归结果。

表 6 – 9   门槛回归结果

项目	ENV	COST	INDU
	（1）	（2）	（3）
Col（ENV ≤ μ）	0.232 ** (2.12)		
Col（ENV > μ）	0.384 *** (3.12)		
Col（COST ≤ μ）		0.503 * (1.78)	
Col（COST > μ）		0.728 *** (3.90)	
Col（INDU ≤ μ）			0.691 ** (2.37)
Col（INDU > μ）			0.861 *** (3.43)
控制变量	控制	控制	控制
时间固定效应	控制	控制	控制
地区固定效应	控制	控制	控制
R^2	0.4295	0.5174	0.4895
N	270	270	270

注：括号内为 t 值，* 、** 、*** 分别表示通过了 10%、5% 和 1% 显著性水平检验。

由表 6 – 9 可知，三种门槛变量带来不同门槛效应。

当环境规制为门槛变量时，外商直接投资的回归系数在两个阶段分别为 0.232 和 0.384，分别在 5% 和 1% 统计水平上显著，且第二分段的回归系数大于第一分段，说明无论在环境规制较低地区还是环境规制较高地区，外商直接投资对全要素生产率的促进作用均显著存在。随着环境规制跨越相应门槛值，这种促进作用会有所增强。

当社会消费水平为门槛变量时，外商直接投资回归系数在两个分段上分别为 0.503 和 0.728，分别在 10% 和 1% 的统计水平上显著，且第二分段回归系数大于第一分段，说明无论在社会消费水平较高或较低地区，外商直接投资对全要素生产率均产生显著促进作用。随着社会消费水平跨越相应门槛值，这种促进作用会有所增强。

当工业化水平为门槛变量时，外商直接投资回归系数在两个分段分别为 0.691 和 0.861，分别在 5% 和 1% 的统计水平上显著，且第二分段回归系数大于第一分段，说明无论在工业化水平较低地区还是较高地区，外商直接投资对全要素生产率的促进作用都显著存在。随着工业化水平跨越相应门槛值，这种促进作用会有所增强。

门槛回归结果说明，环境规制、社会消费水平和工业化水平都会影响外商直接投资对全要素生产率的促进作用。严格的环境规制会提高外商直接投资的质量，促使外资企业采用更先进的技术和管理模式，从而提升全要素生产率。同时，良好的政策环境也会吸引那些注重可持续发展的外资企业，促进技术的传播和应用。社会消费水平的提高通常意味着市场需求的增加，这会吸引外资企业进入市场以满足消费者需求。外资企业的进入可以带来新的技术和管理经验，进而提升全要素生产率。工业化水平较高的地区通常具备更完善的基础设施和产业链，这为外商直接投资提供了良好的环境。外资企业在这样的地区更容易实现规模经济和技术溢出效应，从而促进全要素生产率的提升。

6.3.2 OFDI 的门槛效应分析

6.3.2.1 门槛效应检验

在进行门槛回归之前，先对门槛效应进行检验，确定本章假设中三个门槛变量的门槛效应是否存在，并确定相应门槛数和具体门槛位置。表 6 – 10 报告了分别使用环境规制、社会消费水平和工业化水平作为门槛变量的门槛检验结果。由表 6 - 10 可知，以三个变量为门槛变量进行单门槛和双门槛检验时，所得 F 统计量和 P 值均通过了单门槛效应检验，但没有通过双门槛效应检验，说明三个门槛变量在 OFDI 影响全要素生产率发展上均存在显著单门槛效应。

表 6 - 10 单门槛和双门槛检验

门槛变量	门槛数	F 值	P 值	临界值		
				10%	5%	1%
ENV	单门槛	12.81	0.0533	11.6746	12.9456	18.4593
	双门槛	7.60	0.1033	7.6584	10.0719	14.7696
COST	单门槛	14.39	0.0740	13.3369	15.4162	20.7373
	双门槛	3.08	0.7900	9.5892	12.4393	14.3660
INDU	单门槛	25.12	0.0231	15.4467	18.5727	27.3611
	双门槛	5.54	0.4833	10.7118	13.3057	18.1018

注：P 值和临界值为 Bootstrap 法模拟 300 次获得。

表 6 - 11 报告的是三个门槛变量的门槛估计值，其中，环境规制的单一门槛值为 0.0318，社会消费水平的单一门槛值为 0.4603，工业化水平的单一门槛值为 0.3999。这意味着当地环境规制、社会消费水平和工业化水平分别越过 0.0318、0.4603、0.3999 时，核心解释变量的回归系数 β 将会发生显著变化。

表 6 - 11 三个门槛变量的门槛估计值

门槛变量	门槛数量	门槛估计值	95% 置信区间	
			下限	上限
ENV	单门槛	0.0318	0.0285	0.0332
COST	单门槛	0.4603	0.4578	0.4619
INDU	单门槛	0.3999	0.3998	0.4062

6.3.2.2 门槛回归结果

本章在分别确立门槛效应存在、门槛数和相应的门槛值后，再进行门槛回归，探讨对外直接投资与全要素生产率之间的门槛效应。门槛回归结果如表 6-12 所示，其中，列（1）、列（2）和列（3）分别为以环境规制、社会消费水平和工业化水平为门槛变量的回归结果。

表 6-12   门槛回归结果

变量	ENV	COST	INDU
	（1）	（2）	（3）
Col（$ENV \leqslant \mu$）	0.179 ** (2.49)		
Col（$ENV > \mu$）	0.336 ** (2.23)		
Col（$COST \leqslant \mu$）		0.301 ** (2.45)	
Col（$COST > \mu$）		0.838 *** (4.05)	
Col（$INDU \leqslant \mu$）			0.226 * (1.96)
Col（$INDU > \mu$）			0.601 *** (2.82)
控制变量	控制	控制	控制
时间固定效应	控制	控制	控制
地区固定效应	控制	控制	控制
R^2	0.4226	0.4213	0.4164
N	270	270	270

注：括号内为 t 值，*、**、*** 分别表示通过了 10%、5% 和 1% 显著性水平检验。

由表 6-12 可知，三种门槛变量带来不同门槛效应。

当环境规制为门槛变量时，对外直接投资的回归系数在两个阶段分别为 0.179 和 0.336，均在 5% 统计水平上显著，且第二分段的回归系数大于第一分段，说明无论在环境规制较低地区还是环境规制较高地区，对外直接投资对全要素生产率的促进作用均显著存在。随着环境规制跨越相应门槛值，这种促进作用会有所增强。

当社会消费水平为门槛变量时，对外直接投资回归系数在两个分段上分别为 0.301 和 0.838，分别在 5% 和 1% 的统计水平上显著，且第二分段回归系数大于第一分段，说明无论在社会消费水平较高或较低地区，对外直接投资对全要素生产率均产生显著促进作用。随着社会消费水平跨越相应门槛值，这种促进作用会有所增强。

当工业化水平为门槛变量时，对外直接投资（OFDI）回归系数在两个分段分别为 0.226 和 0.601，分别在 10% 和 1% 的统计水平上显著，且第二分段回归系数大于第一分段，说明无论在工业化水平较低地区还是较高地区，对外直接投资对全要素生产率的促进作用都显著存在。随着工业化水平跨越相应门槛值，这种促进作用会有所增强。

由门槛回归结果可知，环境规制、社会消费水平和工业化水平都会影响对外直接投资对全要素生产率的促进作用。严格的环境规制会推动企业在对外直接投资时更加注重创新和技术的应用。这促使企业在海外市场上实现更高的生产效率，从而提升全要素生产率。高水平的社会消费通常意味着更高的消费需求和市场潜力。企业在对外投资时，往往会选择那些消费水平较高的国家或地区，以便更好地获取市场份额和资源。这种需求拉动型的投资有助于提升企业的规模效应和生产率，进而反映在全要素生产率的提升上。工业化水平较高的国家通常拥有更完善的基础设施、技术水平和人力资本，这些都是促进全要素生产率提升的关键因素。因此，当企业在这样的环境中进行对外直接投资时，可以更有效地利用资源，提升生产效率。

6.4 双向 FDI 协同效应分析

"引进来"与"走出去"战略的实施，是相辅相成、相互推动的重要举措。新发展格局下，对于推动中国经济高质量发展以及全面建设社会主义现代化国家具有深远意义。将"引进来"与"走出去"战略相结合，形成战略思维，不断推动中国经济与世界经济的深度融合，显著拓展了市场边界与经济发展潜力，为中国与全球各国的深入经济交流与合作奠定了坚实基础，也是新发展格局的重要指导思想。显然，新发展格局下，国内国际双循环相互促进的战略要求双向 FDI 有效互动发展，才能有效践行新发展格局的战略思想。关于新发展格局下双向 FDI 协同发展影响全要素生产率的影响机理在前文中已进行详细分析，并得出结论：新发展格局下双向 FDI 协同发展能够促进全要素生产率的发展。下面本书将从实证分析的角度验证这一理论观点。

6.4.1　双向 FDI 协同发展的测度

在先前的研究中，学者们通过引入外商直接投资（IFDI）与对外直接投资（OFDI）的交乘项，或者运用容量耦合系统模型（黄凌云等，2018）来表征双向 FDI 的协同效应。鉴于容量耦合系统模型能够对双向 FDI 之间的相互作用关系进行量化描述，本书将借鉴该模型构建相应的指标体系。构建模型（6 - 7）如下所示：

$$COFDI_{it} = IFDI_{it} \times OFDI_{it} / (\alpha IFDI_{it} + \beta OFDI_{it})^{\gamma} \qquad (6-7)$$

其中，$IFDI_{it}$ 与 $OFDI_{it}$ 分别代表第 i 省份在 t 年的外商直接投资与对外直接投资流量；α 和 β 分别为 $IFDI$ 与 $OFDI$ 的权重系数，本研究中 α、β 均取值为 0.5，意味着外商投资与对外投资具有同等的重要性。γ 为调节系数，本研究借鉴先前学者的研究方法，此处设定为 2；$COFDI_{it}$ 表示两者的耦合度，其数值越大，表明相互作用程度越高。然而，耦合度仅能反映两者之间的相互作用强度，因此，为了更全面地反映两者的发展水平，本研究引入了耦合协调发展的指标 $CFDI_{it}$。其中 $\dfrac{IFDI_{it} + OFDI_{it}}{2}$ 为两者的协调度指标。

$$CFDI_{it} = \sqrt{COFDI_{it} \times \frac{IFDI_{it} + OFDI_{it}}{2}} \qquad (6-8)$$

结合式（6-7）与式（6-8），可得双向 FDI 协同发展水平的测度公式：

$$CFDI_{it} = \sqrt{\frac{IFDI_{it} \times OFDI_{it}}{(IFDI_{it} + OFDI_{it})/2}} \qquad (6-9)$$

6.4.2　双向 FDI 协同发展对全要素生产率的影响分析

表6-13 为双向 FDI 协同效应分析与调节效应分析表，表中列（1）显示，纳入控制变量后估计系数显著为正，这表明双向 FDI 的协同发展水平提升对全要素生产率具有显著的正向影响。结合前文的理论分析，双向 FDI 的协同效应能够有效地缓解不合理投资所带来的不利影响，并通过构建完善的双向 FDI 协同发展机制，优化生产要素的配置。此外，协同效应亦有助于引导企业在国际市场中作出更为理性和有效的投资决策，从而规避或减少因盲目和短期性投资所导致的资源浪费及经济效益低下等问题，进而促进全要素生产率的提升。

表6-13　　　　　　　　双向 FDI 协同效应分析与调节效应分析

项目	（1） TFP	（2） TFP	（3） TFP
CFDI	0.055 *** (3.60)	0.005 *** (4.10)	0.055 *** (3.73)
CFDI_INV		0.005 *** (3.48)	
CFDI_PGDP			0.0001 *** (3.01)
PGDP	0.002 (0.36)	0.0003 (0.05)	0.002 (0.04)

续表

项目	(1) TFP	(2) TFP	(3) TFP
HUM	− 5.089 ** (− 2.04)	− 4.824 * (− 1.94)	− 5.091 ** (− 2.02)
FIN	0.016 (1.20)	0.015 (1.09)	0.016 (1.20)
OPEN	0.092 ** (2.13)	0.086 ** (1.99)	0.092 * (1.93)
IND	0.139 (0.88)	0.090 (0.56)	0.140 (0.83)
GOV	0.253 ** (1.99)	0.246 * (1.94)	0.254 * (1.81)
_cons	1.051 *** (6.97)	1.046 *** (7.18)	1.062 *** (7.26)
省份	控制	控制	控制
年份	控制	控制	控制
N	270	270	270
R^2	0.571	0.576	0.571
F	19.998	20.338	19.998

注：括号内为 t 值，*、**、*** 分别表示通过了 10%、5% 和 1% 显著性水平检验。

6.4.3　调节效应分析

基于前文对双向 FDI 协同发展影响全要素生产率作用机制的分析，双向 FDI 协同发展通过经济或技术溢出效应对全要素生产率产生影响。因此，本研究选取技术创新和经济发展水平作为调节变量（注：在前面的基准回归分析中，经济发展水平作为控制变量。由于经济发展水平指标的重要性，且基于双向 FDI 协同发展影响全要素生产率作用机制的定性分析，把经济发展水平同时作为调节变量，研究双向 FDI 协同发展对全要素生产率调节效应）。其中，我国专利申请授权数的对数值作为技术创新的衡量指标，并以人均国内生产总值作为经济发展水平的衡量变量。在进行调节效应分析时，本研究将对调节变量及交互项进行中心化处理。中心化处理有助于降低非本质的多重共线性问题，减少调节变量与其他变量间的相关性，从而有效消除回归分析中的偏误。基于此，构建的调节效应回归模型如下所示：

$$TFP_{it} = \alpha_0 + \alpha_1 COFDI_{it} + \beta_0 Interact_{it} + \beta_1 X_{it} + \beta Control_{it} + \mu_i + \sigma_t + \varepsilon_{it}$$

$$(6-10)$$

其中 X_{it} 为调节变量，包括技术创新、经济发展水平，$Interact_{it}$ 表示调节变量和核心解释变量之间的交互项。调节效应的回归结果如表 6 – 13 列（2）和列（3）所示。

技术创新的调节效应。表 6 – 13 的列（2）显示，COFDI 与 TFP 之间的关系受到技术创新（INV）的显著正向调节。在调节模型中，技术创新的调节效应系数为正，且显著，说明随着技术创新水平的提升，双向 FDI 协同发展对 TFP 的正向影响会进一步增强。

经济发展水平的调节效应。在模型（6 – 10）中引入了经济发展水平（PGDP）作为一个调节变量，结果显示 PGDP 对 COFDI 和 TFP 之间关系的调节效应也显著为正，这表明较高的经济发展水平能够进一步提升双向 FDI 协同发展对全要素生产率的促进作用。

基于此，技术创新和经济发展水平对双向 FDI 协同发展影响生产率的效果有重要的调节作用。当地区的技术创新和经济发展水平更高时，双向 FDI 协同发展能够更有效地促进全要素生产率的提升。

6.5 进一步分析

为了更全面、多方位研究双向 FDI 及协同对全要素生产率的影响，本研究将分别从中介效应与异质性效应的角度进一步充分探讨上述问题。在中介效应分析中，将以研发水平作为中介变量进行研究。在异质性效应研究中，将从区域异质性、地区发展异质性、行业异质性的角度进行分析。

6.5.1　中介效应分析

在前文的分析中，本研究探讨了双向 FDI 及其协同发展对于全要素生产率的正面影响。本部分将深入研究这种影响是通过何种路径发挥作用的。基于理论框架，本研究提出技术溢出与技术创新在其中发挥中介效应，并将运用实证分析方法对这一理论机制进行验证。如前面章节所述，外商直接投资和对外直接投资是获取技术溢出和技术创新的关键途径。本研究借鉴李敏和陈兆伟（2022）的研究方法，采用研发水平作为衡量地区技术溢出及逆向技术溢出效应的指标，具体以研发经费内部支出占国内生产总值（GDP）的比重作为衡量研发支出水平（RD）的指标。

中介变量 RD 下 IFDI 技术溢出用式（6 – 11）和式（6 – 12）表示：

$$IFDITS_t = \sum_{c=1}^{n} \frac{IFDI_{ict}}{GDP_{ct}} RD_{ct} \qquad (6-11)$$

$$IFDITS_{pt} = \frac{IFDI_{pt}}{\sum\limits_{p=1}^{n} IFDI_{pt}} IFDITS_t \qquad (6-12)$$

中介变量 RD 下 OFDI 逆向技术溢出如式（6 – 13）和式（6 – 14）所示：

$$OFDITS_t = \sum_{c=1}^{n} \frac{OFDI_{ict}}{GDP_{ct}} RD_{ct} \qquad (6-13)$$

$$OFDITS_{pt} = \frac{OFDI_{pt}}{\sum\limits_{p=1}^{n} OFDI_{pt}} OFDITS_t \qquad (6-14)$$

其中，GDP_{ct} 代表 t 时期 c 国的国内生产总值，RD_{ct} 代表 t 时期 c 国的研发水平，$IFDITS_t$ 和 $OFDITS_t$ 分别代表 t 时期 i 国外商直接投资和对外直接投资产生的技术溢出，$OFDI_{ict}$代表 t 时期 i 国对 c 国的直接投资，$IFDI_{ict}$ 代表 t 时期 i 国接受 c 国的直接投资。$OFDI_{pt}$代表 t 时期 p 省份对外直接投资产生的技术溢出，$\sum_{p=1}^{n} OFDI_{pt}$ 代表 t 时期各省份对外直接投资之和，$IFDI_{pt}$ 代表 t 时期 p 省份吸收的外商直接投资，$\sum_{p=1}^{n} IFDI_{pt}$ 代表 t 时期各省份外商直接投资之和。

表 6 - 14 显示了中介效应的实证结果。研发水平（RD）作为中介变量，在模型中显著促进了全要素生产率的提高。具体来说，表 6 - 14 的列（2）中，RD 的回归系数为 5.784，通过了 1% 的显著性检验。这表明研发投入对提高生产率有显著的正向影响。其中，外商直接投资（IFDI）在中介效应中，对 RD 和 TFP 均表现出显著正向影响。具体来说，表 6 - 14 的列（1）显示，IFDI 对 RD 的影响系数为 0.0004，通过了 5% 的显著性水平，而列（3）中，IFDI 对 TFP 的影响系数为 0.002，通过了 1% 的显著性水平。这说明外商直接投资不仅直接促进了全要素生产率，还通过提升研发水平间接推动了全要素生产率的增长。对外直接投资（OFDI）在中介效应中，同样对 RD 和 TFP 产生了显著的正向影响。OFDI 对 RD 的回归系数为 0.0001，通过了 1% 的显著性水平，表明对外投资对各省份的研发投入有促进作用。OFDI 对 TFP 的影响系数为 0.007，也显示出显著的正向影响（10% 显著性水平）。这表明对外直接投资除了直接提高全要素生产率之外，也通过促进研发投入，间接促进了全要素生产率的提升。总之，外商直接投资（IFDI）和对外直接投资（OFDI）通过提升研发水平（RD）间接促进了全要素生产率（TFP）的提升，这表明研发投入是二者促进全要素生产率的中介变量。这种中介效应的存在强化了外商直接投资和对外直接投资对生产率的促进作用。

表 6 - 14　　　　　　　　　　　　中介效应结果

项目	（1）	（2）	（3）
	RD	TFP	TFP
RD		5.784 *** (3.65)	

续表

项目	（1） RD	（2） TFP	（3） TFP
IFDI	0. 0004 ** （2. 16）		0. 002 *** （3. 40）
OFDI	0. 0001 *** （2. 98）		0. 007 * （1. 91）
PGDP	0. 001 *** （4. 43）	0. 005 （0. 94）	0. 001 （0. 27）
HUM	0. 128 （1. 35）	− 4. 670 * （ − 1. 93）	− 5. 013 ** （ − 2. 02）
FIN	0. 0002 （0. 35）	0. 024 * （1. 86）	0. 018 （1. 29）
OPEN	0. 002 （1. 36）	0. 100 ** （2. 37）	0. 087 ** （2. 01）
IND	0. 011 ** （1. 98）	0. 132 （0. 86）	0. 148 （0. 94）
GOV	− 0. 001 （ − 0. 20）	0. 215 * （1. 76）	0. 209 （1. 56）
_cons	− 0. 004 （ − 0. 90）	0. 911 *** （9. 63）	0. 912 *** （7. 69）
省份	控制	控制	控制
年份	控制	控制	控制
N	279	270	270
R^2	0. 611	0. 591	0. 574
F	22. 769	21. 656	18. 827

注：列（2）显示 RD 对 TFP 的回归系数相关分析，列（3）显示 IFDI、OFDI 对 TFP 的回归系数相关分析。括号内为 t 值，＊、＊＊、＊＊＊分别表示通过了 10%、5% 和 1% 显著性水平检验。

6.5.2　异质性效应分析

为了考察区域差异、各地区发展水平差异以及行业差异的情况下双向

FDI 对全要素生产率影响的异质性效应，本书将从区域异质性、地区发展水平异质性以及行业异质性的角度，分析双向 FDI 影响全要素生产率的异质性特征。

6.5.2.1 区域异质性

从表 6 – 15 实证结果来看：（1）在东部地区，IFDI 对 TFP 的影响显著且为正，系数为 0.003，并通过了 1% 的显著性检验，这表明东部地区的外商直接投资能够显著提升生产率；然而，在中部地区，IFDI 的影响并不显著；在西部地区，IFDI 同样对 TFP 有正向影响，系数为 0.001，并通过了显著性检验，这说明西部地区的外商直接投资对生产率也有促进作用，但相较东部地区影响较小。（2）在东部地区，OFDI 的回归系数为 0.021，表明对外直接投资对生产率有显著的正向影响；中部地区和西部地区的 OFDI 也都显示出正向影响，表明这两个地区的对外投资在提升全要素生产率方面也起到了一定作用。

表 6 – 15　　　　　　　　　　　区域异质性检验

项目	（1）	（2）	（3）
	东部地区	中部地区	西部地区
IFDI	0.003 *** (4.30)	0.001 (0.04)	0.001 *** (3.08)
OFDI	0.021 ** (2.54)	0.018 ** (2.35)	0.017 *** (3.09)
PGDP	0.016 *** (3.03)	0.037 *** (3.00)	0.035 *** (2.64)
HUM	− 2.853 (− 0.64)	10.566 ** (2.04)	− 0.922 (− 0.30)
FIN	0.003 (0.17)	− 0.079 * (− 1.73)	− 0.030 (− 1.55)
OPEN	0.161 ** (2.54)	0.084 (0.26)	0.090 (0.66)

续表

项目	(1)	(2)	(3)
	东部地区	中部地区	西部地区
IND	0.572 **	0.039	− 0.028
	(2.15)	(0.16)	(− 0.09)
GOV	0.445	0.907	0.397
	(1.33)	(1.63)	(1.60)
_cons	0.662 ***	0.766 ***	0.956 ***
	(2.92)	(3.35)	(6.89)
固定效应	控制	控制	控制
N	99	72	99
R^2	0.416	0.627	0.350
F	7.137	11.777	5.373

注：括号内为 t 值，*、**、*** 分别表示通过了 10%、5% 和 1% 显著性水平检验。

地区间的异质性分析表明，外商直接投资在东部地区对生产率的促进作用最为显著，而在中部和西部地区，IFDI 的影响较弱甚至不显著。此外，对外直接投资在东部地区也起到了显著的正向作用。这些发现表明，地区的经济发展水平、开放程度以及对外投资的差异，都会影响双向 FDI 对生产率的影响。

6.5.2.2　地区发展水平异质性

表 6-16 的实证结果表明：（1）低发展水平地区。外商直接投资（IFDI）对 TFP 有一定的促进作用，系数为 0.012，显著性水平为 10%，但影响较小。这表明，在低发展水平地区，外商直接投资对提升生产率有正向作用，但效果相对较弱。对外直接投资（OFDI）对 TFP 的影响为正且通过 1% 的显著（系数为 0.017，$p < 0.01$）性水平检验，这可能反映了低发展水平地区的对外投资对提升生产率有正向作用，但效果同样较弱。（2）中等发展水平地区。IFDI 对 TFP 有显著的正向影响，系数为 0.102，显著性水平为 5%。这表明中等发展水平地区的外商直接投资对生产率的提升具有较强的

促进作用。OFDI 同样对 TFP 表现出显著的正向影响，系数为 0.034，显著性水平为 5%，说明中等发展水平地区的对外投资活动对生产率也有积极贡献。（3）高发展水平地区。IFDI 对 TFP 的影响显著为正，系数为 0.003，显著性水平为 1%。这意味着在高发展水平地区，外商直接投资能够显著促进生产率的提升。OFDI 对 TFP 的正向影响不显著，这可能是因为高发展水平地区的资源配置和生产效率已经处于较高水平，导致对外投资的边际效应相对减弱。

表 6-16　　　　　　　　　　　　地区发展水平异质性检验

项目	（1）低发展水平	（2）中等发展水平	（3）高发展水平
IFDI	0.012 * (1.83)	0.102 ** (2.56)	0.003 *** (3.19)
OFDI	0.017 *** (3.95)	0.034 ** (2.45)	0.018 (1.43)
PGDP	0.002 (0.15)	0.002 (0.08)	0.022 *** (3.50)
HUM	6.172 * (1.96)	7.520 (0.67)	-5.631 (-0.97)
FIN	-0.044 *** (-2.81)	0.016 (0.18)	0.023 (0.93)
OPEN	-0.161 (-1.31)	0.057 (0.29)	0.142 ** (2.08)
IND	0.317 * (1.87)	1.020 (1.44)	-0.246 (-0.56)
GOV	0.420 ** (2.47)	0.574 (0.54)	0.543 (1.17)
_cons	1.059 *** (10.23)	-1.040 (-1.56)	0.994 ** (2.68)
固定效应	控制	控制	控制
N	167	51	52
R^2	0.374	0.649	0.444
F	9.993	5.768	3.495

注：括号内为 t 值，*、**、*** 分别表示通过了 10%、5% 和 1% 显著性水平检验。

发展水平异质性分析显示，经济发展水平对外商直接投资和对外直接投资的生产率效应有显著调节作用。在低发展水平地区，外商投资对生产率的促进作用有限，且对外投资会带来资源外流的负面效应。中等发展水平地区的外商和对外投资均对生产率有显著正向影响，表明这些地区的经济环境较适合吸引和利用双向 FDI。高发展水平地区则显示出较强的外商直接投资效益，说明成熟的经济环境可以更有效地发挥外商投资对生产率的提升作用。

6.5.2.3　行业异质性

考虑陈丰龙等（2012）的方法，我国行业可以根据要素密集程度划分为劳动密集型、资本密集型和技术密集型行业，具体分类如表 6 – 17 所示。这种分类考虑了不同行业对生产要素的依赖程度。

表 6 – 17　　　　　　　　　　　　　行业划分

行业类别	行业名称
劳动密集型行业	农、林、牧、渔业 住宿和餐饮业 批发和零售业 交通运输、仓储和邮政业 居民服务、修理和其他服务业
资本密集型行业	采矿业 制造业 电力、热力、燃气及水生产和供应业 建筑业 房地产业 租赁和商务服务业
技术密集型行业	信息传输、软件和信息技术服务业 金融业 科学研究和技术服务业 水利、环境和公共设施管理业 教育 卫生和社会工作 文化、体育和娱乐业 公共管理、社会保障和社会组织

由于行业数据的可得性，行业全要素生产率的模型构建与区域和发展水平的异质性研究有所不同，参考余静文（2017）的做法，本书确定行业全要素生产率的三个变量为行业规模（LE）、经济发展水平（GDP）、就业水平（EP），构建模型如下所示：

$$TFP_{it} = \alpha_0 + \alpha IFDI_t + \beta Control_{it} + \sigma_t + \varepsilon_t \tag{6-15}$$

$$TFP_{it} = \alpha_0 + \alpha OFDI_t + \beta Control_{it} + \sigma_t + \varepsilon_t \tag{6-16}$$

其中，下标 i 代表不同的地区，t 代表不同的年份。TFP_{it} 为被解释变量，代表 i 地区在 t 年的全要素生产率。主要解释变量 $IFDI_t$ 和 $OFDI_t$ 则分别表示 t 年的外商直接投资和对外直接投资。此外，引入了控制变量 $Control_{it}$，以考虑可能影响 TFP 的其他因素。σ_t 代表时间固定效应，用于捕捉随时间变化但不随地区变化的趋势；而 ε_{it} 则为误差项，代表模型未能解释的随机扰动。Control 表示行业规模（LE）、经济发展水平（GDP）、就业水平（EP）。数据来源于历年的《中国统计年鉴》。本书采用 2010～2022 年的行业面板数据，运用双向固定效应回归分析方法进行实证检验。表 6-18 是变量说明与含义。

表 6-18　　　　　　　　　　变量说明与含义

变量类型	变量名称	变量符号	变量含义
被解释变量	全要素生产率	TFP	采用 SFA3D 方法可得
解释变量	外商直接投资	IFDI	各省份外商投资使用额取对数
	对外直接投资	OFDI	各省份对外投资额取对数
控制变量	经济发展水平	GDP	各行业 GDP 额取对数
	行业规模	LE	各行业法人单位数量取对数
	就业水平	EP	各行业城镇单位就业人员数取对数

由表 6-19 的实证检验结果可知，资本密集型行业全要素生产率受到外商直接投资与对外直接投资的影响都很显著。外商直接投资与对外直接投资都在 1% 的水平上显著促进了资本密集型行业全要素生产率的提升。对于技术密集型行业的全要素生产率，外商直接投资仅在 10% 的水平上促进了

其提升。而对于劳动密集型行业的全要素生产率,外商直接投资与对外直接投资对其影响均不显著。双向 FDI 之所以对不同类型行业表现出不同的提升效应,原因有以下几点:(1) 外商直接投资和对外直接投资在 1% 的显著水平上促进资本密集型行业的全要素生产率提升表明,外资和对外投资可以为这些行业带来先进的技术、管理经验和资金支持,从而提高生产效率。这种现象是因为资本密集型行业通常需要较高的技术投入和资金支持,因此外资和对外投资的进入能够有效促进行业的现代化和竞争力。(2) 外商直接投资在 10% 的显著水平上提升技术密集型行业的全要素生产率说明,外资在这些行业中的作用相对较弱,但仍然具备一定的促进效应。这与技术密集型行业中,企业对技术创新和研发的投入更加重要有关,外资虽然可以引入部分先进技术,但真正的生产力提升还需要本土企业增强自主研发能力。(3) 外商直接投资和对外直接投资对劳动密集型行业的全要素生产率没有显著影响表明,这些行业的生产效率提升更多依赖于劳动力的数量和成本,而非资本的输入和技术的引入,资本和技术的投入对其全要素生产效率的提升作用有限。

表 6 - 19　　　　　　　　　行业异质性检验结果

项目	(1)	(2)	(3)
	劳动密集型	资本密集型	技术密集型
IFDI	0. 191	0. 402 ***	0. 117 *
	(0. 75)	(4. 46)	(1. 91)
OFDI	0. 033	0. 305 ***	0. 014
	(0. 34)	(3. 57)	(0. 07)
法人单位	- 1. 172	- 0. 161	- 1. 192 **
	(- 0. 52)	(- 0. 22)	(- 2. 30)
国内生产总值	0. 677	0. 023	0. 944
	(0. 38)	(0. 03)	(1. 02)
城镇单位就业人员数	0. 627	0. 104	0. 537
	(0. 91)	(0. 18)	(0. 45)

续表

项目	(1)	(2)	(3)
	劳动密集型	资本密集型	技术密集型
_cons	8. 719	5. 267	6. 983
	(0. 26)	(0. 36)	(0. 71)
行业	控制	控制	控制
年份	控制	控制	控制
N	25	30	35
R^2	0. 652	0. 594	0. 656
F	2. 288	2. 435	4. 018

注: 括号内为 t 值, * 、** 、*** 分别表示通过了 10% 、5% 和 1% 显著性水平检验。

政策制定者可以从以上分析中得到启示，针对不同类型的行业，制定相应的外资吸引和支持政策。对于资本和技术密集型行业，可以加大对外资的引导和支持力度，促进技术交流与合作。而对于劳动密集型行业，更需要关注劳动力市场的管理与提升，完善产业链的其他环节。

第7章　政策建议与研究展望

7.1　本书结论

本书对国内外相关研究进行了综述,同时界定了新发展格局、全要素生产率和双向 FDI 协同发展的概念;分析了中国双向 FDI 的发展现状;深入探讨了新发展格局下影响中国全要素生产率的因素,包括双向 FDI、经济发展水平、人力资本、金融发展、对外开放水平、产业结构和政府干预程度,为实证研究指标确定提供理论基础。进而,从定性分析的角度,挖掘新发展格局下双向 FDI 及协同发展影响全要素生产率的作用机理。在定量分析方面,通过详细介绍全要素生产率的测算方法、资本存量分析、要素投入指标确定和估算结果,对实证研究的相关指标进行量化,并采用静态回归分析、双向固定回归分析方法,进行基准回归、内生性检验、稳健性检验、门槛效应分析、双向 FDI 协同效应、调节效应、中介效应及异质性效应检验等,实证检验双向 FDI 及协同发展对中国全要素生产率的影响。

本书得出以下结论:(1)通过基准回归发现,IFDI 和 OFDI 均促进全要素生产率的提升。同时,OFDI 的回归系数大于 IFDI 的回归系数,表明对外直接投资对全要素生产率的提升作用更明显。基于内生性检验、稳健性检验得出,基准回归结果具有稳健性。(2)门槛效应分析表明,环境规制、社会消费水平和工业化水平都会影响双向 FDI 对全要素生产率的促进作用。(3)双向 FDI 协同效应检验发现，双向 FDI 协同发展水平的提升对全要素生产率具有显著的正向影响。（4）调节效应检验表明，技术创新和经济发展水平对双向 FDI 协同发展影响全要素生产率的效果有重要的调节作用，当地区的技术创新和经济发展水平更高时，双向 FDI 协同发展能够更有效地促进生产率的提升。（5）中介效应检验表明，IFDI 和 OFDI 通过提升研发水平（RD）间接促进全要素生产率的提升，研发投入是二者促进全要素生产率的中介变量。（6）异质性检验发现，外商直接投资在东部地区对生产率的促进作用最为显著，而在中部和西部地区，IFDI 的影响较弱甚至不显著。经济发展水平对外商直接投资和对外直接投资的生产率效应有显著调节作用。在低发展水平地区，外商投资对生产率的促进作用有限，且对外投资会带来资源外流的负面效应。中等发展水平地区的外商和对外投资均对生产率有显著正向影响，表明这些地区的经济环境较适合吸引和利用双向 FDI。行业异质性检验结果表明，外商直接投资与对外直接投资显著促进资本密集型行业全要素生产率的提升；对于技术密集型行业的全要素生产率，外商直接投资促进其提升；而对于劳动密集型行业的全要素生产率的影响，外商直接投资与对外直接投资均不显著。

7.2 政策建议

根据以上理论和实证分析，本书提出的建议主要包括：新发展格局下重视双向 FDI 协同发展，注重地区差异；新发展格局下双向 FDI 需设置门槛与优惠待遇并存，提高开放水平；新发展格局下提高双向 FDI 本地化经营，加快资源优化配置；新发展格局下双向 FDI 需重视人才培养机制，推动新质生产力发展。

7.2.1 新发展格局下重视双向 FDI 协同发展，注重地区差异

党的十九届五中全会提出了构建新发展格局的战略构想，强调必须打

造一个强大的国内市场，并促进国内国际双循环相互促进的新发展格局的形成。国内外需求以及国内国际两个市场和双循环机制，始终是我国经济发展中不可或缺的要素，在不同发展阶段扮演着各自独特且关键的角色。中国开放型经济的核心在于推动新全球化进程的深入发展。新全球化进程的推进，一方面表现为对外资的引进，另一方面则体现在对外投资的扩张，而其核心在于双向 FDI 的协同发展。

在新发展格局的背景下，双向 FDI 的协同发展对全要素生产率增长具有显著的推动作用，其表现形式多样。首先，双向 FDI 的协同发展有助于我国吸收世界先进技术，优化产业结构，提升资源配置效率，成为推动我国经济从数量增长向质量增长转变的关键路径。其次，双向 FDI 的协同发展能够促进产业结构的高级化，增强产业的专业化集聚效应，提高市场竞争程度。此外，推动双向 FDI 协同发展，能够增强企业对知识溢出的吸收能力。东道国的人力资本结构、地区社会经济发展水平、产业结构以及制度环境等因素，均会对外商直接投资的质量和区位选择产生影响，并进一步影响外商直接投资的逆向技术溢出效应。

在新发展格局下，重视双向 FDI 的协同发展对全要素生产率的推动作用显得尤为重要。在推动发展的过程中，必须坚持统筹协调的原则，并密切关注地区间的差异性。对于我国发展相对滞后的中西部地区，应积极开发当地资源禀赋，充分利用劳动力成本低等比较优势。在实施"一带一路"倡议、西部大开发和中部崛起战略的同时，应鼓励先富带动后富，为当地注入研发启动资金、培训技术人员，并发布利好政策以提升双向 FDI 水平，从而推动生产性服务业全要素生产率的进一步提升，持续推动创新成为引领发展的首要动力，大力实施创新驱动发展战略。在全球新一轮科技革命和产业变革的推动下，我国正逐步成为创新强国。为此，首先，应构建涵盖更广泛地区的高附加值产业体系，通过外商投资引进管理经验和技术，同时通过对外投资获取资金回报以反哺本地发展；其次，政府应加大对高科技产品的扶持力度，制定优惠政策，鼓励企业投资和发展，朝着智能化、科技化的方向迈进；最后，改善民生，促进就业。为困难群体提供税收优惠、财政补贴和贷款支持等措施，以鼓励企业扩大招聘规模。利用双向投资创造更多高质量的就业机会，增加人民的可支配收入，保障民生。

7.2.2 新发展格局下双向 FDI 需设置门槛与优惠待遇并存，提高开放水平

新发展格局不是封闭的国内循环，而是开放的国内国际双循环。新发展格局下，应充分发挥国内专业化市场、外资总部经济、对外直接投资等"节点"功能，双向 FDI 设置门槛与优惠待遇并存才能推动开放型经济高质量发展，提升全要素生产率。

本策略的核心在于，其并非单一的政策工具，而是我国市场经济体系逐步成熟与对外开放持续深化过程中的关键环节。我国市场经济体系的构建，是一个复杂且漫长的过程，其中包含了无数次的探索与实践。在此过程中，双向 FDI 的开展无疑发挥了至关重要的作用。它不仅为我国带来了迫切需要的资金、技术和管理经验，还促进了我国产业结构的优化与升级，推动了经济的持续快速增长。若无双向 FDI 的积极贡献，我国市场经济体系的繁荣景象将无从谈起。同时，我们亦须清醒地认识到，对外开放的道路并非一帆风顺。在吸引外资的过程中，我们既须保持开放的心态和包容的胸怀，又须设立必要的准入门槛，以确保外资的质量和效益。这些门槛可能涉及技术、环保、安全等多个方面，旨在筛选出真正符合我国发展需求、能够为我国经济发展带来积极影响的优质外资。而优惠待遇策略，则是我们吸引外资、留住外资的又一重要手段。通过提供税收优惠、土地优惠、融资支持等一系列优惠政策，我们可以为外资企业提供更加优越的投资环境和发展空间。这不仅能够增强外资企业在我国投资的信心和意愿，还能够促进他们更好地融入我国市场、参与我国经济发展。同时，我国境外投资亦应与外商直接投资一样，设立门槛，多优化，实现双向 FDI 的健康、稳

定发展。在缺乏明确评判准则的情况下，盲目境外投资，无疑将埋下深重的隐患。近年来，我国对于对外直接投资的支持力度很大，鼓励境外投资成为开放经济的重要环节。然而，维护高水平的开放标准至关重要，这意味着我们必须坚守进入门槛的严谨性，降低投资风险，确保投资项目的可行性和回报率。通过严格的审批和监管，筛选出具有较强实力和良好信誉的投资者，减少潜在的风险。对外直接投资门槛设置有助于引导资金流向效率更高、回报更大的项目，促进资源的优化配置，避免资源的浪费和低效使用。进一步而言，双向 FDI 能否成功实现生产技术的转移与周边区域的扩散，关键在于投资项目所蕴含的技术含量。这一要素不仅是借助双向 FDI 机制推动本国全要素生产率转型升级的基石，更是确保这一过程稳健前行的根本保障。

7.2.3　新发展格局下提高双向 FDI 本地化经营水平，加快资源优化配置

新发展格局是国内国际市场更加深度对接的发展格局。一方面，要以扩大内需为战略基点，加强生产、分配、流通、消费环节的国内市场依托，打通国内经济循环的堵点，不断创造对接国际市场的基础和条件；另一方面，要以高水平开放为引领，推动构建全球互联互通伙伴关系，打通国际循环，实现共同发展。作为一个致力于推动更高水平开放的大国，新发展格局下，双向 FDI 在构建双循环新发展格局的过程中将发挥重要的作用。中国经济发展到现阶段，存量资本规模巨大，在保持经济合理增速的同时，从宏观角度来看我们要实现经济从高速发展转向高质量发展，从产业层面来讲，我们面临着进行结构优化和转型升级的历史性任务。这就要求双向 FDI 发挥优化资源配置的作用，用市场的力量去把创新活力激发出来，把产业运行效率提起来，把发展动力转到创新驱动上，做好国内国际两个市场的互动发展。

在研究利用外商直接投资以优化资源配置的策略时，核心在于推动外商直接投资的本地化生产实践。该策略的理论基础在于跨国公司倾向于根据生产本地化的程度来调整其技术的应用、转移与传播。因此，从东道国的视角来看，积极促进外资企业深化其生产本地化策略，成为获取并吸收这些外资企业技术转移与扩散的关键途径。为了更有效地利用外商直接投资以提升全要素生产率，关键在于促进中间产品领域的技术转移与扩散。这不仅有助于提升本土产业的竞争力，还能促进产业结构的优化升级。在制定招商引资政策时，我国政府或企业应保持清醒的头脑，避免对外商直接投资的技术溢出效应进行不切实际的夸大，并因此制定过于宽松或盲目的鼓励政策。相反，应秉持实事求是的原则，对技术溢出效应的具体表现进行细致分析，从而制定出更具针对性的、有效的政策措施。

同样，对外直接投资的企业深度融入当地文化、提升本地化经营是至关重要的。提升 OFDI 本地化经营的核心策略，是强化企业与当地社会的深度融合，旨在增强企业的适应力、竞争力，并最大化地利用当地资源优势，以推动资源的优化配置，推动全要素生产率发展。有效策略包括：（1）深化企业本地化进程。通过加大对境外投资目的地加工与制造产业的投入，企业能够深度挖掘并利用当地丰富的自然资源，为其赋予更高的附加价值。（2）技术驱动的国际化战略。利用对外直接投资作为技术寻求的驱动力，企业能够加速技术创新与升级，进而提升生产效率与盈利能力，强化出口实力。（3）合规经营，尊重法治环境。深入了解并严格遵守东道国的法律法规，是对外投资企业在境外投资中必须遵循的原则。

7.2.4 新发展格局下双向 FDI 需重视人才培养机制，推动新质生产力发展

为加速构建新发展格局，需从两个维度进行研究与布局。首先，针对性地强化我国产业链供应链的薄弱环节，确保国民经济循环的畅通无阻；

其次，提升国内大循环的内生动力与可靠性，增强国际竞争力，提高对国际循环的吸引力与推动力。在新发展阶段，经济循环的内生动力与可靠性有所减弱，产业链中的关键核心技术面临诸如"卡脖子"等重大挑战。新质生产力的出现及其不断发展壮大，对于应对这些挑战具有显著作用。构建新发展格局的本质特征在于实现高水平科技的自立自强，发展新质生产力是实现高水平科技自立自强的必经之路。通过形成新产品、新业态、新模式，催生战略性新兴产业，全面提升自主创新能力，推动实现高水平科技自立自强。全要素生产率是新质生产力的核心标志，它反映了经济增长的质量和效率。新质生产力强调通过科技创新和资源优化配置来提升生产效率，而全要素生产率的提升正是这种优化配置的结果。新质生产力的内涵在于劳动者、劳动资料、劳动对象及其优化组合的跃升，以全要素生产率大幅提升为核心标志，特点是创新，关键在质优，本质是先进生产力。新质生产力的发展需要大量的高科技人才。人才是驱动中国科技创新、产业结构优化与升级的核心要素，其蕴含的知识、精湛的技能以及卓越的创新能力，对于企业的长远发展和持续竞争力至关重要。新质生产力是创新起主导作用，摆脱传统经济增长方式、生产力发展路径，具有高科技、高效能、高质量特征，符合新发展理念的先进生产力质态。

拔尖创新人才是培育新质生产力创新动能的活跃因素。拔尖创新人才的培养和使用不仅有利于以科技要素赋能诸多其他要素性能的变革和要素的组合，而且能够使新质生产力呈现出劳动者知识化、劳动资料智能化、劳动对象数智化的鲜明特征。培育新质生产力的创新动能，关键在于全面提高人才自主培育质量，努力培养具有原始创新能力的拔尖创新人才。充分利用双向 FDI 所带来的人员流动效应，是培育新质生产力创新动能及加速全要素生产率提升的关键路径。人员流动在双向 FDI 中扮演了重要角色，促进了技术的转移和知识的传播。外商直接投资带来的技术溢出效应通过人员交流和培训等方式，可提升当地企业的技术水平和生产效率。对外直接投资通过人员流动效应反哺国内企业。此外，中国外商直接投资通过"贸易促进效应"和"人力资本提升效应"对区域创新产生积极影响。对外直接投资虽然受限于投资结构，但也能通过"人力资本提升效应"促进区域创新。综合以上分析可见，新发展格局下双向 FDI 人员流动效应，可以促进新质生产力的发展，进而提升全要素生产率。

7.3 研究展望

在理论研究方面，尽管本书已初步探讨了新发展格局下双向 FDI 协同发展对全要素生产率的影响机理，但显然对这一领域的探索尚显不足。未来，有必要进一步挖掘和深化相关理论，以更全面、系统地理解双向 FDI 如何通过促进技术创新、优化资源配置、加速知识传播等路径，对全要素生产率产生深远影响。这要求我们不仅要关注宏观层面的经济效应，还要深入微观层面，分析企业行为、市场结构以及政策环境等因素如何与双向 FDI 相互作用并共同作用于全要素生产率的提升。

在实证研究方面，当前关于双向 FDI 对各省份、各行业全要素生产率影响的研究确实存在局限性，数据覆盖不全、分析方法单一等问题限制了研究的深度和广度。因此，未来研究应致力于扩大数据收集范围，采用更加多样化和先进的计量经济学方法，以更精确地刻画双向 FDI 及协同发展对全要素生产率的实际影响。同时，还应关注不同省份、不同企业类型之间的异质性，通过细分研究对象，揭示双向 FDI 在不同情境下的差异化影响，为政策制定提供更加精准、科学的依据。

参 考 文 献

[1] 白洁. 对外直接投资的逆向技术溢出效应——对中国全要素生产率影响的经验检验 [J]. 世界经济研究, 2009 (8): 65 - 69.

[2] 蔡跃洲, 付一夫. 全要素生产率增长中的技术效应与结构效应——基于中国宏观和产业数据的测算及分解 [J]. 经济研究, 2017, 52 (1): 72 - 88.

[3] 柴志贤. 利用外资、环境约束与中国工业全要素生产率的增长——基于 Malmquist 指数与 Malmquist-Luenberger 指数的比较研究 [J]. 技术经济, 2013 (1): 64 - 70.

[4] 陈丹, 梁运吉. 双向国际直接投资存在 "强链" 作用吗? 兼论 OFDI 与 FDI 交互项的调节效用 [J]. 商业研究, 2022 (3): 72 - 79.

[5] 陈丰龙, 徐康宁. 本土市场规模与中国制造业全要素生产率 [J]. 中国工业经济, 2012 (5): 44 - 56.

[6] 陈光俊. 加快构建新发展格局是把握未来发展主动权的战略部署 [J]. 红旗文稿, 2023 (13): 40 - 43.

[7] 陈菁泉, 刘伟, 杜重华. 环境规制下全要素生产率逆转拐点的空间效应——基于省际工业面板数据的验证 [J]. 经济理论与经济管理, 2016 (5): 57 - 67.

[8] 陈柳. 长三角地区的 FDI 技术外溢、本土创新能力与经济增长 [J]. 世界经济研究, 2007 (1): 60 - 67.

［9］陈时中 . 经济增长的结构因素分析［J］. 数量经济技术经济研究，1986（7）：11 – 19.

［10］陈晔婷，朱婷 . 对外直接投资、金融结构与全要素生产率——基于中国省级面板数据的研究［J］. 宏观经济研究，2018（7）：48 – 58.

［11］陈甬军，陈义国，宴宗新 . 建设全国统一大市场的重点路径选择——基于地区间经济波动溢出效应的研究［J］. 财经科学，2024（1）：103 – 116.

［12］程惠芳 . 国际直接投资与开放型内生经济增长［J］. 经济研究，2002（10）：71 – 78.

［13］程中华 . 集聚经济与绿色全要素生产率［J］. 软科学，2015（5）：41 – 44.

［14］邓超正 . FDI 对我国全要素生产率的影响——基于 2001—2008 年省际面板数据的研究［J］. 云南财经大学学报，2012（1）：28 – 30.

［15］董旭，吴传清 . 中国城市全要素生产率的时空演变与影响因素研究——来自 35 个主要城市 2000 ~ 2014 年的经验证据［J］. 学习与实践，2017（5）：5 – 16.

［16］范丹 . 经济转型视角下中国工业行业环境全要素生产率及增长动力分析［J］. 中国环境科学，2015（10）：3177 – 3186.

［17］范鑫 . 数字经济发展，国际贸易效率与贸易不确定性［J］. 财贸经济，2020，41（8）：145 – 160.

［18］费宇，王江 . FDI 对我国各地区经济增长的非线性效应分析［J］. 统计研究，2013（4）：22 – 27.

［19］高春亮 . 1998 – 2003 城市生产效率：基于包络技术的实证研究［J］. 当代经济科学，2007，29（1）：83 – 88.

［20］高培勇 . 构建新发展格局：在统筹发展和安全中前行［J］. 经济研究，2021（3）：4 – 13.

［21］葛鹏飞，黄秀路，韩先锋 . 创新驱动与"一带一路"绿色全要素

生产率提升——基于新经济增长模型的异质性创新分析［J］. 经济科学，2018（1）：37 - 51.

［22］龚飞鸿. 生产率增长率与技术进步增长率探讨［J］. 数量经济技术经济研究，1989（9）：20 - 24.

［23］龚梦琪，刘海云. 中国双向 FDI 协调发展、产业结构演进与环境污染［J］. 国际贸易问题，2020（2）：110 - 124.

［24］顾雪松，韩立岩. 区域市场整合与对外直接投资的逆向溢出效应——来自中国省级行政区的经验证据［J］. 中国管理科学，2015，23（3）：1 - 12.

［25］郭庆旺，等. 中国省份经济的全要素生产率分析［J］. 经济研究，2005（5）：46 - 53.

［26］郭庆旺，贾俊雪. 中国全要素生产率的估算：1979—2004［J］. 经济研究，2005（6）：51 - 60.

［27］韩永辉，李子文，张帆，等. 中国双向 FDI 的环境效应［J］. 资源科学，2019，41（11）：2043 - 2058.

［28］何枫，陈荣，何林. 我国资本存量的估算及其相关分析［J］. 经济学家，2003（5）：29 - 35.

［29］何雄浪. FDI 技术溢出、吸收能力与经济增长——基于西南地区与华东地区的比较研究［J］. 西南民族大学学报（人文社会科学版），2014（7）：109 - 115.

［30］胡朝霞. FDI 对中国服务业全要素生产率的影响——基于随机前沿面板数据模型的分析［J］. 厦门大学学报（哲学社会科学版），2010（4）：115 - 122.

［31］胡德龙，巢文鸣. 区域创新、数字经济与企业全要素生产率［J］. 现代经济探讨，2023（9）：62 - 72.

［32］黄华民. 外商直接投资对我国宏观经济影响的实证分析［J］. 经济评论，2000（6）：29 - 32.

［33］黄凌云，刘冬冬，谢会强．对外投资和引进外资的双向协调发展研究［J］．中国工业经济，2018（3）：80 - 97.

［34］黄庆华，胡江峰，陈习定．环境规制与绿色全要素生产率：两难还是双赢？［J］．中国人口·资源与环境，2018，28（11）：140 - 149.

［35］黄仁全，李村璞．中国经济国内国际双循环的测度及增长动力研究［J］．数量经济技术经济研究，2022（8）：80 - 99.

［36］黄先海，张云帆．我国外贸外资的技术溢出效应分析［J］．国际贸易问题，2005（1）：27 - 32.

［37］霍忻，刘宏．中国对外直接投资的逆向技术溢出效应［J］．首都经济贸易大学学报，2016（2）：128 - 135.

［38］金剑，蒋萍．生产率增长测算的半参数估计方法：理论综述和相关探讨［J］．数量经济技术经济研究，2006（9）：22 - 28.

［39］金梦迪，段雨晨，李彬．扩大内需与加快构建新发展格局研究［J］．政治经济学评论，2024（3）：145 - 153.

［40］李宾，曾志雄．中国全要素生产率变动的再测算：1978～2007 年［J］．数量经济技术经济研究，2009（3）：4 - 10.

［41］李斌，祁源，李倩．财政分权、FDI 与全要素生产率——基于面板数据动态 GMM 方法的实证检验［J］．国际贸易问题，2016（7）：119 - 129.

［42］李勃昕，韩先锋，李辉．"引进来"与"走出去"的交互创新溢出研究［J］．科研管理，2021（8）：122 - 130.

［43］李国兰，周裕欣，陈静．双向 FDI 对企业绿色转型的影响：促进或抑制［J］．财会月刊，2024（5）：33 - 45.

［44］李景睿．FDI 与前沿技术进步、技术效率的关系研究——基于 DEA 的珠江三角洲城市面板数据分析［J］．国际经贸探索，2009（10）：46 - 51.

［45］李敬，刘洋．中国国民经济循环：结构与区域网络关系透视［J］．经济研究，2022（2）：27 - 42.

［46］李梅，金照林．国际 R&D、吸收能力与对外直接投资逆向技术溢

出——基于我国省际面板数据的实证研究 [J]. 国际贸易问题, 2011（10）: 124-136.

[47] 李培. 中国城市经济增长的效率与差异 [J]. 数量经济技术经济研究, 2007, 24（7）: 97-106.

[48] 李平, 钱利. 进口贸易与外国直接投资的技术溢出效应——对中国各地区技术进步的实证研究 [J]. 财贸研究, 2005（6）: 40-45.

[49] 李书娟. FDI、R&D 活动与我国技术进步关系的实证研究 [J]. 时代经贸, 2008（2）: 27-28.

[50] 李杏, 钟亮. 对外直接投资的逆向技术溢出效应研究——基于中国行业异质性的门槛回归分析 [J]. 山西财经大学学报, 2016, 38（11）: 1-12.

[51] 李言, 高波, 雷红. 中国地区要素生产率的变迁: 1978~2016 [J]. 数量经济技术经济研究, 2018, 35（10）: 21-39.

[52] 李姚. FDI、OFDI 与绿色全要素生产率的关系研究 [D]. 西安: 西北大学, 2019.

[53] 李泳. 中国企业对外直接投资成效研究 [J]. 管理世界, 2009（9）: 34-43.

[54] 林成杰, 刘天善. 我国 FDI 和 OFDI 技术溢出效应的实证检验 [J]. 技术经济, 2011, 30（1）: 5-9.

[55] 林春. 财政分权与中国经济增长质量关系——基于全要素生产率视角 [J]. 财政研究, 2017（2）: 73-83.

[56] 刘秉镰, 武鹏, 刘玉海. 交通基础设施与中国全要素生产率增长——基于省域数据的空间面板计量分析 [J]. 中国工业经济, 2010（3）: 54-64.

[57] 刘建翠, 郑世林, 汪亚楠. 中国研发（R&D）资本存量估计: 1978-2012 [J]. 经济与管理研究, 2015, 36（2）: 18-25.

[58] 刘建翠, 郑世林. 中国城市生产率变化和经济增长源泉: 2001~

2014 年 [J]. 城市与环境研究, 2017 (3): 16 - 36.

[59] 刘生龙, 胡鞍钢. 基础设施的外部性在中国的检验: 1988—2007 [J]. 经济研究, 2010, 45 (3): 4 - 15.

[60] 刘胜, 温锡峰, 陈秀英. 循环经济政策与中国企业环境绩效: 助推器抑或绊脚石? [J]. 经济学报, 2023 (2): 175 - 210.

[61] 刘晓丹, 闫帅. 对外直接投资对母国企业污染排放的影响 [J]. 国际贸易问题, 2023 (2): 143 - 157.

[62] 鲁晓东, 连玉君. 中国工业企业全要素生产率估计: 1999—2007 [J]. 经济学 (季刊), 2012, 11 (1): 541 - 558.

[63] 罗军. 金融发展门槛、FDI 与区域经济增长方式 [J]. 世界经济研究, 2016 (4): 107 - 118.

[64] 马广程, 杨小忠, 许坚. 双向 FDI 协调发展与绿色全要素生产率: 理论机制与中国经验 [J]. 经济问题探索, 2022, 480 (7): 173 - 190.

[65] 欧阳武. 生产率度量的方法 [J]. 数量经济技术经济研究, 1996 (12): 18 - 26.

[66] 任松, 左晖. 双向 FDI 和区域创新效率对我国绿色全要素生产率的影响——基于省际面板数据的实证分析 [J]. 统计与管理, 2021, 36 (2): 42 - 46.

[67] 邵军, 徐康宁. 我国城市的生产率增长、效率改进与技术进步 [J]. 数量经济技术经济研究, 2010 (1): 58 - 66.

[68] 申晨, 李胜兰, 黄亮雄. 异质性环境规制对中国工业绿色转型的影响机理研究——基于中介效应的实证分析 [J]. 南开经济研究, 2018 (5): 95 - 114.

[69] 沈坤荣. 外国直接投资与中国经济增长 [J]. 管理世界, 1999 (5): 22 - 34.

[70] 沈坤荣. 中国综合要素生产率的计量分析与评价 [J]. 数量经济技术经济研究, 1997 (11): 53 - 56.

[71] 宋晓玲，李金叶．双向 FDI 协调发展是否促进了绿色经济效率增长——基于技术创新视角 [J]．国际商务（对外经济贸易大学学报），2021（2）：126 – 140．

[72] 孙传旺，张文悦．对外直接投资与企业绿色转型——基于中国企业微观数据的经验研究 [J]．中国人口·资源与环境，2022（9）：79 – 91．

[73] 田巍，余淼杰．企业生产率和企业"走出去"对外直接投资：基于企业层面数据的实证研究 [J]．经济学（季刊），2012，11（1）：383 – 408．

[74] 涂正革，肖耿．中国大中型工业的成本效率分析：1995—2002 [J]．世界经济，2007（2）：22 – 29．

[75] 王慧，孙慧，肖涵月，辛龙．环境政策不确定性、双向 FDI 与低碳全要素生产率的关系 [J]．中国人口·资源与环境，2020，30（11）：75 – 86．

[76] 汪锋，解晋．中国分省绿色全要素生产率增长率研究 [J]．中国人口科学，2015（2）：53 – 62．

[77] 汪克亮，薛梦璐，赵斌．双向 FDI 协调发展与绿色全要素生产率提升——基于产业结构升级视角的分析与检验 [J]．商业研究，2022（5）：46 – 57．

[78] 王成岐，张建华，安辉．外商直接投资、地区差异与中国经济增长 [J]．世界经济，2002（4）：15 – 20．

[79] 王德祥，薛桂芝．中国城市全要素生产率的测算与分解（1998 – 2013）——基于参数型生产前沿法 [J]．财经科学，2016（9）：42 – 52．

[80] 王健，胡美玲．微观企业全要素生产率的度量 [J]．统计与决策，2019（4）：181 – 185．

[81] 王恕立，滕泽伟．FDI 流入、要素再配置效应与中国服务业生产率——于分行业的经验研究 [J]．国际贸易问题，2015（4）：167 – 176．

[82] 王文甫，张彤．税收竞争对全要素生产率的影响研究 [J]．财贸研究，2022，33（9）：57 – 66．

[83] 王小鲁，樊纲. 中国经济增长的可持续性——跨世纪的回顾与展望 [M]. 北京：经济科学出版社，2000.

[84] 王艺明，陈晨，高思航. 中国城市全要素生产率估算与分析：2000 - 2013 [J]. 经济问题，2016（8）：1 - 8.

[85] 王永培，袁平红. 基础设施、拥挤性与城市生产率差异——来自中国 267 个城市市辖区数据的实证研究 [J]. 财经科学，2011（7）：43 - 51.

[86] 王志刚，龚六堂，陈玉宇. 地区间生产效率与全要素生产率增长率分解（1978—2003）[J]. 中国社会科学，2006（2）：55 - 67.

[87] 王志鹏，李子奈. 外资对中国工业企业生产效率的影响研究 [J]. 管理世界，2003（4）：17 - 25.

[88] 魏权龄，Sun D. DEA 方法与技术进步评估 [J]. 系统工程学报，1991，6（2）：1 - 11.

[89] 吴敏，曹婧，毛捷. 地方公共债务与企业全要素生产率：效应与机制 [J]. 经济研究，2022，57（1）：107 - 121.

[90] 向宇，代沁雯. "双碳"目标下双向 FDI 协调发展的碳减排效应及其空间溢出 [J]. 金融经济学研究，2022，37（2）：105 - 121.

[91] 肖攀，李连友，唐李伟，苏静. 中国城市环境全要素生产率及其影响因素分析 [J]. 管理学报，2013（11）：1681 - 1689.

[92] 颜鹏飞，王兵. 技术效率、技术进步与生产率增长：基于 DEA 的实证分析 [J]. 经济研究，2004（12）：55 - 65.

[93] 杨俊，邵汉华. 环境约束下的中国工业增长状况研究——基于 Malmquist-Luenberger 指数的实证分析 [J]. 数量经济技术经济研究，2009（9）：64 - 78.

[94] 杨汝岱. 中国制造业企业全要素生产率研究 [J]. 经济研究，2015，50（2）：61 - 74.

[95] 杨文举，龙睿赟. 中国地区工业绿色全要素生产率增长——基于方向性距离函数的经验分析 [J]. 上海经济研究，2012（7）：3 - 13.

［96］姚鑫. 双向 FDI 对绿色全要素生产率的影响研究——基于 DEA-Tobit 模型的实证分析［J］. 内蒙古科技与经济，2022，512（22）：45 – 49.

［97］姚愉芳. 中国经济增长与可持续发展：理论、模型与应用［M］. 北京：社会科学文献出版社，1998.

［98］尹东东，张建清. 我国对外直接投资逆向技术溢出效应研究——基于吸收能力视角的实证分析［J］. 国际贸易问题，2016（1）：25 – 32.

［99］余浩，岳彩同，汪彦斌. 行业差异和 FDI 对全要素生产率的影响［J］. 技术经济，2012（9）：65 – 70.

［100］张浩然，衣保中. 基础设施、空间溢出与区域全要素生产率——基于中国 266 个城市空间面板杜宾模型的经验研究［J］. 经济学家，2012（2）：61 – 67.

［101］张军扩. "七五"期间经济效益的综合分析［J］. 经济研究，1991（4）：8 – 17.

［102］张军，施少华. 中国经济全要素生产率变动：1952—1998［J］. 世界经济文汇，2003（2）：17 – 24.

［103］张军，章元. 对中国资本存量 K 的再估计［J］. 经济研究，2003（7）：35 – 43.

［104］张志强. 微观企业全要素生产率测度方法的比较与应用［J］. 数量经济技术经济研究，2015，32（12）：107 – 123.

［105］赵斌，梁树广. 中国双向 FDI 协调发展与制造业价值链攀升［J］. 统计与决策，2024（6）：117 – 124.

［106］赵扶扬，陈斌开. 土地的区域间配置与新发展格局——基于量化空间均衡的研究［J］. 中国工业经济，2021（8）：94 – 113.

［107］赵桂梅，陈丽珍，孙华平. 我国 OFDI 逆向技术溢出效应的实证研究［J］. 统计与决策，2016（7）：67 – 75.

［108］赵晋平. 利用外资与中国经济增长［M］. 北京：人民出版社，2001.

[109] 赵伟，古广东，何元庆．外向 FDI 与中国技术进步：机理分析与尝试性实证 [J]．管理世界，2006（7）：53-60.

[110] 赵志耘，杨朝峰．中国全要素生产率的测算与解释：1979—2009 年 [J]．财经问题研究，2011（9）：4-16.

[111] 郑京海，胡鞍钢．中国改革时期省际生产率增长变化的实证分析（1979—2001 年）[J]．经济学（季刊），2005，4（2）：263-296.

[112] 郑强．对外直接投资促进了母国全要素生产率增长吗——基于金融发展门槛模型的实证检验 [J]．国际贸易问题，2017（7）：131-141.

[113] 郑强，冉光和．中国双向 FDI 的绿色生产率溢出效应——基于动态面板模型的实证检验 [J]．统计与信息论坛，2018，33（6）：54-61.

[114] 郑强．外商直接投资与中国绿色全要素生产率增长 [D]．重庆：重庆大学，2017.

[115] 郑世林，张美晨．科技进步对中国经济增长的贡献率估计：1990—2017 年 [J]．世界经济，2019，42（10）：73-97.

[116] 钟学义．技术进步与生产函数 [J]．数量经济技术经济研究，1988（7）：7-15.

[117] 钟学义．生产率分析的新概念 [J]．数量经济技术经济研究，1996（12）：7-17.

[118] 周梦姣．中国 OFDI 逆向技术溢出效应及其地区差异研究——基于地区吸收能力的视角 [D]．南京：南京大学，2018.

[119] 周晓艳，韩朝华．中国各地区生产效率与全要素生产率增长率分解（1990—2006）[J]．南开经济研究，2009（5）：26-48.

[120] 祝合良，王春娟．"双循环"新发展格局战略背景下产业数字化转型：理论与对策 [J]．财贸经济，2021（3）：14-27.

[121] 邹玉娟，陈漓高．我国对外直接投资与技术提升的实证研究 [J]．世界经济研究，2008（5）：70-77.

[122] Abramvitz M，Resource and Output Trends in the United States Since

1870 [J]. American Economic Review 46, 1956.

[123] Aigner D J, Amemiya T, Poirier D J. On the estimation of production of production frontiers: Maximum likelihood estimation of the parameters of a discontinuous density function [J]. International Economic Review, 1976 (2).

[124] Aitken B J, Harrison A E. Do Domestic firms benefit from direct foreign investment? Evidence from Venezuela [J]. American Economic, 1999, 89 (3): 605 −618.

[125] Barro R J, Sala-i-Martin X. Economic Growth (2nd Edition) [M]. Cambridge, Massa-chusetts: MIT Press1, 2004.

[126] Barry F, Gorg H, Strobl E. Foreign direct investment and wages in domestic firms in Ireland: productivity spillovers versus labour-market crowding out [J/OL]. 2001.

[127] Becker P, Bodin Ö. Brokerage activity, exclusivity and role diversity: a three-dimensional approach to brokerage in networks [J]. Social Networks, 2022 (70): 267 −283.

[128] Beveren I. Total factor productivity estimation: a practical review [J]. Journal of Economic Surveys, 2012, 26 (2): 98 −128.

[129] Biesebroeck J V. Robustness of productivity estimates [J]. The Journal of Industrial Economics, 2007, 55 (3): 529 −569.

[130] Blomstrom M, Persson H. Foreign investment and spillover efficiency in an underdeveloped economy: evidence from the Mexican Manufacturing Industry [J]. World Development, 1983, 11 (6): 493 −501.

[131] Blundell R, Bond S. Initial conditions and moment restrictions in dynamic panel data models [J]. Journal of Econometrics, 1998, 87 (1): 115 −143.

[132] Caves D W, Christensen L R, Diewart W E. The economic theory of index numbers and measurement of input, output and productivity, Econometrica, 1982, 50 (6): 1393 −1414.

[133] Caves R. Multinational firms, competition, and productivity in host-country markets [J]. Economica, 1974 (41): 176 – 193.

[134] Chow G C. New capital estimates for China [J]. China Economic Review, 2006, 17 (2): 186 – 192.

[135] CT A, Lfyn A, Bo Z B. China's post-economic reform growth: The role of FDI and productivity progress-Science Direct [J]. Journal of Asian Economics, 2009, 20 (3): 280 – 293.

[136] Driffeld N, Lover J H, Talor K. Productivity and labor demand effects of inward and outward FDI on UK industry [J]. The Manchester School, 2009, 77 (2): 171 – 203.

[137] Driffeld N. The impact on domestic productibity of inward investment in the UK [J]. The Manchester School, 2001 (3): 103 – 119.

[138] Fare R, Grosskopf S, Norris M, Zhang Z. Productivity growth, technical progress, and efficiency change in industrialized countries [J]. American Economic Review, 1994, 84 (1): 66 – 83.

[139] Farrell M J. Measurement of Productive Efficiency [J]. Journal of the Royal Statistical Society, Part3, Serial A, 1957.

[140] Girma S, Gong Y. FDI, linkages and the efficiency of state-owned enterprises in China [J]. Journal of Development Studies, 2008, 44 (5): 728 – 749.

[141] Girma S, Greenaway D, WakelinK. Who benefits from foreign direct investment in the UK [J]. Scottish Journal of Political Economy, 2001 (48): 119 – 133.

[142] Goldsmith R W. A Perpetual Inventory of National Wealth, Studies in Income and Wealth [R]. New York: NBER, 1951.

[143] Gorg H, Greenway D. Much ado about nothing? Do domestic firms really benefit from foreign direct investment? [J]. Discussion Paper, No. 944. 2003.

[144] Haddad M, Harrison A E. Are there positive spillovers from direct

foreign investment? Evidence from panel data for Morocco [J]. Journal of Development Economics, 1993, 42 (1): 51 – 74.

[145] Hamilton M, Hileman J, Bodin Ö. Evaluating heterogeneous brokerage: new conceptual and methodological approaches and their application to multilevel environmental governance networks [J]. Social Networks, 2020 (61): 1 – 10.

[146] Hulten C R. Total factor productivity: a short biography [D]. NBER Working Paper 7471, 2000.

[147] Jorgenson D W, Griliches Z. The explanation of productivity change [J]. The Review of Economic Studies, 1967, 34 (3): 249 – 283.

[148] Kinoshita Y. R&D and technology spillovers via FDI innovation and absorptive capacity [J]. CEPR Working Paper, University of Michigan, 2001.

[149] Klenow P J, Rodriguez-Clare A. The neoclassical revival in growth economics: Has it gone too far? [J]. NBER Macroeconomics Annual, 1997 (12): 73 – 103.

[150] Kokko A. Zejan J. Local Technological capability and productivity spillovers from FDI in the Uruguayan manufacturing sector [J]. Journal of Development Studies, 1996 (4): 602 – 611.

[151] Krugman P. The myth of Asian miracle [J]. Foreign Affairs, 1994, 73 (6): 762 – 781.

[152] Kumar N. Globalization and the Quality of Foreign Direct Investment [M]. New Delhi: Oxford University Press, 2002.

[153] Levinson D M. Accessibility impacts of high-speed rail [J]. Journal of Transport Geography, 2012, 22: 288 – 291.

[154] Lucas Jr. R. On the mechanics of economic development [J]. Journal of Development Economics, 2000 (22): 3 – 42.

[155] Olley G S, Pakes A. The Dynamics of Productivity in the Telecommuni

cations Equipment Industry [J]. Econometrica, 1996, 64 (6): 1263 – 1297.

[156] Robert Solow M. A contribution to the theory of economic growth [J]. Quarterly Journal of Economics, 1956, 70 (2): 65 – 94.

[157] Simon D, Bernard M. Foreign investment and productivity growth in czech enterprise [J]. World Bank Economic Review, 2000 (1): 49 – 64.

[158] Solow R M. Technical Change and the aggregate production Fu nction [J]. The Review of Economics and Statistics, 1957, 39 (3): 312 – 320.

[159] Tinbergen, J. Zur Theorie der langfristigen wirtschaftswicklung [J]. Weltwirtscha ftliches Archiv, 1942, 55 (1): 511 – 549.

[160] Wang I K, Tsai M K, Liang C C, et al. The role of physical activity in chr onic kidney disease in the presence of diabetes mellitus: a prospective co-hort study [J]. American Journal of Nephrology, 2013, 38 (6): 509 – 516.

[161] Wan G, Zhang Y. The direct and indirect effects of infrastructure on fir m productivity: Evidence from Chinese manufacturing [J]. China Economic Review, 2018, 49 (1): 143 – 153.

[162] Warzynski F, Loecker D. Markups and firm-level export status [J]. American Economic Review, 2012, 102 (6): 2437 – 2471.

[163] Yao Y W. Sources of China's economic growth 1952 – 1999: incorporating human capital accumulation [J]. China Economic Review, 2003 (1): 149 – 172.

[164] Young A. The tyranny of numbers: confronting the statistical realities of the east asian growth experience [J]. Quarterly Journal of Economics, 1995, 110 (3): 641 – 680.